aufbau

AUFBAU VERLAGSGRUPPE

Lenka Reinerová

Das Geheimnis der nächsten Minuten

Aufbau-Verlag

ISBN 978-3-351-03204-3

Aufbau ist eine Marke
der Aufbau Verlagsgruppe GmbH

1. Auflage 2007

Einbandgestaltung gold, Anke Fesel und Kai Dieterich
Druck und Binden GGP Media GmbH, Pößneck
Printed in Germany

www.aufbau-verlag.de

Warten ist ein ganz besonderer Zustand, in den man im Leben, gewollt oder ungewollt, immer wieder gerät, der uns von unserer ersten Stunde an begleitet, gut sein kann oder schlimm, banal oder ganz außerordentlich, ein Alpdruck oder ein aus Sehnsucht gesponnener Traum.

Einen Traum kann man manchmal enträtseln, meistens bleibt jedoch sein Rätsel, seine Botschaft, vielleicht sogar seine Aufforderung ungelöst. Im Traum kann man ohne weiteres auf jemanden warten, den es gar nicht mehr gibt. Da werden Tote wieder jung und lebendig. Eine solche Begegnung mit ihnen ist nicht verwunderlich, am häufigsten sogar beruhigend, manchmal zauberhaft schön, nur selten verwirrend oder gar beängstigend. Im wachen Leben ist Warten schwieriger, erfordert oft viel Geduld und Ausdauer, spart nicht mit Enttäuschungen, kann auch Überraschungen oder besondere Erlebnisse bieten.

Bei dieser Überlegung würde meine Mutter aufgrund ihrer Erfahrungen wahrscheinlich den Kopf schütteln und still bemerken: »Wer wartet schon gern? Man weiß ja nicht, was auf einen zukommt.«

Sie hat drei Töchter auf die Welt gebracht und vielleicht beim zweiten oder dritten Kind gehofft, es könnte diesmal ein Junge sein. Aber es war wieder ein Mädchen, ihre geliebte Jüngste, deren kurzes Leben hinter dem Stacheldrahtverhau im verfluchten Auschwitz-Birkenau ein böses Ende fand.

Ich jedoch glaube, daß zum Beispiel Wartezimmer in Entbindungsheimen zu den hoffnungsvollsten, vielversprechendsten, auch dramatischsten Aufenthaltsräumlichkeiten in unserem Dasein zählen. Hier wird ja auf ein neues Leben, auf einen neuen Menschen gewartet. Vielleicht auf einen Wissenschaftler, der zu unser aller Erleichterung Naturkatastrophen verhindern oder eine bislang verheerende Krankheit bewältigen wird. Zum Glück gibt es Menschen mit solchen Erfolgen, und deshalb können wir getrost weitere dieser freilich nicht allzu häufigen Art erwarten.

Das Wartezimmer der Gebäranstalt in der jugoslawischen Hauptstadt Belgrad, in dem ich wenige Monate nach dem Ende des zweiten Weltkrieges meiner Niederkunft entgegensah, war eigentlich gar kein Wartezimmer im wahren Sinne des Wortes. Es war ein Korridor mit fest verschlossenen, dicht verhangenen Fenstern und kärglich mit einigen wenigen Glühbirnen beleuchtet. Draußen schneite es an diesem Märztag des Jahres 1946 und heulte ein orkanartiger Sturm. Bis heute ist mir das pausenlose Klappern von drei Metalleimern im Kopf geblieben, die unter einem Fenster »für alle Fälle« bereitstanden und in der naßkalten Zugluft unentwegt aneinanderstießen. In diesem in keinerlei Weise beruhigenden, schlichtweg unfreundlichen Warteraum hockten oder bewegten sich langsam einige hochschwangere Frauen. Manche stöhnten, zwei weinten. Ab und zu zeigte sich eine ältere Krankenschwester oder vielleicht Geburtshelferin in einem nicht gerade makellos sauberen, einst wahrscheinlich weißen Kittel, schlenderte mit prüfendem Blick zwischen uns hindurch, erklärte ein paarmal »noch nicht« und verschwand wieder.

In einem großen Zimmer neben diesem Korridor hatte man mir am vorangegangenen Abend ein Bett zugewiesen und dabei erklärt, ich hätte Glück, daß überhaupt eins frei war. Dieses, das vierte vom Fenster und gegenüber von vier weiteren, habe ein paar Stunden zuvor eine Frau verlassen, die leider ein totes Kind geboren hatte. Sie sei sehr unglücklich gewesen und habe auch Angst vor ihrem Mann gehabt, einem Offizier der Partisanenarmee Titos, der natürlich damit gerechnet hatte, sie werde ihm einen Sohn nach Hause bringen. Sie konnte nach ihrer trostlosen Heimkehr nur Schlimmes erwarten, seufzten die Frauen in unserem Zimmer.

Bei diesem nicht gerade ermunternden Bericht

wurde ein Zettel mit meinem Namen an einem eisernen Bettgestell festgemacht, und man forderte mich auf, mich in den Warteraum, das heißt in den düsteren Korridor mit den klappernden Metalleimern, zu begeben. »Dort können Sie schön warten, bis es soweit ist«, wurde mir empfohlen.

Aber da war gar nichts Schönes. In den nächsten Stunden widmete mir niemand seine Aufmerksamkeit. Zudem befand ich mich in einem fremden Land, ausgerüstet mit nur mangelnden lokalen Sprachkenntnissen. Das war hier aber kaum ein Problem, ohnehin richtete kein Mensch auch nur ein Wort an mich.

In dieser Lage fiel mir auf einmal tröstend ein, was ich irgendwann über Anna Eleanor, die Gattin des Präsidenten der USA Franklin Delano Roosevelt, gelesen hatte. Als sich die Geburt ihres ersten Kindes näherte, war sie sehr nervös und versuchte vergeblich dieser unangenehmen Lage beizukommen. Sie lief in ihrem Zimmer – keinem Warteraum – auf und ab, blieb dabei immer wieder am Fenster stehen und blickte hinaus auf die Straße. Unten wimmelte es von Menschen.

»Na also«, seufzte Anna Eleanor mit einemmal erleichtert. »Jeden einzelnen da unten hat ja eine Mutter geboren. Da werde ich es doch wohl auch fertigbringen.«

Sie muß sich das zweifellos sehr zu Herzen genommen haben, wenn man in Betracht zieht, daß sie ihren Präsidentengatten im Laufe der Zeit mit fünf Söhnen und einer Tochter bedacht hat.

Das war es, was mir in dem unfreundlichen Wartekorridor in der Belgrader Anstalt plötzlich einfiel und Mut machte. Und dabei ging es auch schon los. Eine Putzfrau kam gerade vorbei, warf einen Blick auf mich, schlug die Hände über dem Kopf zusammen und brachte mich schleunigst in das Kreißzimmer. Meine Anna ist dann ganz schnell gesund in unserer Welt gelandet.

Inzwischen ist das alles, zumindest im westlichen Teil des Erdballs, aber auch an verschiedenen Ecken und Enden sonstiger Kontinente, Gott sei Dank ganz anders geworden. Neue Erdenbürger werden in vielen, wenngleich bei weitem leider nicht in allen Ländern der Welt in gebührender Weise willkommen geheißen. Dort sitzen ungeduldige oder auch resignierte künftige Väter in hellen und freundlichen Wartezimmern auf angenehmen Möbelstücken, die gesamte Atmosphäre ist gezielt beruhigend, gewissermaßen zukunftsfreudig. Hinter schalldichten Türen werden die angestrengten Mütter perfekt umsorgt und die neuen Mitmenschen professionell und zugleich liebevoll empfangen. Irgendwo summen diskret hilfreiche Maschinen, lautlos huschen elfenartige junge Mädchen in blitzsauberem weißem oder erbsengrünem Anstaltsdreß durch den anschließenden Korridor, widmen den nervös wartenden Vaterschaftskandidaten ein charmant erfrischendes Lächeln, und die ganze Atmosphäre ist darauf ausgerichtet, daß hier alles nur gut ausgehen kann.

Wenn man durch einen Zufall an einem solchen Wartezimmer im Bahnhof des Lebens vorbeikommt, wird man unwillkürlich von Wehmut erfaßt, hier nicht auch ein funkelnagelneues Lebewesen erwarten zu dürfen.

In Ländern mit tropischer Hitze oder arktischer Kälte spielt sich dieses unumgängliche Kapitel des Daseins weniger komfortabel, vielleicht jedoch urwüchsiger ab. Hier kommen noch die alten Traditionen zu Wort. Aber auch da, unter einer Palme oder in einer Schneehütte, geht es um den Auftakt des siegreichen Lebens, auch da kann das Warten von einem Traum und tapferer Hoffnung erfüllt sein. Winziges Menschlein sei willkommen auf dieser Welt, und sieh zu, daß du für dich und uns alle den richtigen Weg findest.

Welcher Weg ist nun aber der richtige? Kann es ein einziger sein, oder gibt es mehrere? Wird der künftige Mann oder die künftige Frau schon mit der Muttermilch auf eine seit Generationen festgelegte Bahn ausgerichtet, oder bleibt es dem neuen Wesen vergönnt, erst einmal heranzuwachsen, die Welt mit all ihren Farben und Tönen, Abgründen und Höhen wahrzunehmen, um dann, wenn es soweit ist, eigene Entscheidungen treffen zu können?

Wie auch immer. Ohne Zweifel unterliegt ein funkelnagelneuer, aus dem Wartesaal des Lebens in die schon Jahrtausende bestehende Welt versetzter Erdenbürger von ganz klein auf zunächst der Haltung, Einstellung und Ausrichtung seiner Eltern, vornehmlich der Mutter, in deren warmer Fürsorge er sich sicher fühlt.

In meinen Exiljahren während des letzten Weltkrieges hatte ich unter vielen anderen in diesem Zusammenhang zwei Erlebnisse, die in mir einen bleibenden Eindruck hinterließen und bei den verschiedensten, oft scheinbar völlig anders gearteten Begebenheiten von neuem wieder da sind.

In Marokko gab es damals für lästige Ausländer, die ohne ihr Zutun im Zuge des kriegspolitischen Chaos vorübergehend hier landeten, unweit der Hauptstadt Casablanca ein Auffanglager. Es befand sich an der Meeresküste und hieß Sidi-el-Ajachi. Wenn dort am Mittag in eine der Holzbaracken das Essen für die Häftlinge gebracht wurde, versammelte sich am Eingang regelmäßig eine Gruppe elend aussehender einheimischer Kinder, jedes mit einem Topf oder einer Schüssel in den Händen. Sie warteten, bis die weißen Gefangenen ihr Essen beendeten, und stürzten dann los, um übriggebliebene Reste in ihre Gefäße zu tun und mitzunehmen. Es hieß, diese Kleinen seien hier, weil jedes von ihnen schon eine Straftat begangen habe. Offenbar wurden sie, zum Unterschied von den ausländischen Gefangenen, nur ungenügend verköstigt.

Während der kurzen Tage, die auch ich in Sidi-el-Ajachi verbringen mußte, fiel mir ein etwa zehnjähriger Junge auf, der immer mit einer verbeulten Gießkanne ausgerüstet war.

»Wie heißt du?« fragte ich ihn in der leeren Baracke mit den hastig herumhuschenden Kindern an einem glutheißen Mittag.

Er blieb stehen, blickte zu Boden und schwieg.

»Warum mußt du hier sein?« wagte ich dennoch eine weitere Frage.

»Ich habe getötet (J'ai tué)!« stieß er zu meinem Schrecken hervor, warf mir einen wilden Blick zu und lief mit seiner Gießkanne, in der ein paar Brocken rumpelten, davon.

Das ist eines der Erlebnisse, die ich nicht vergessen kann. Das zweite war ganz anderer Art.

In Mexiko wohnte eine sehr junge Frau namens Maria mit ihrem Lebensgefährten in einer Kammer auf dem flachen Dach des Hauses, in dem mein Mann und ich eine Wohnung hatten. Wir standen mit dem jungen Indiopaar in losem freundschaftlichem Kontakt. Als Maria eines Tages einen Sohn gebar, bat sie mich, seine Taufpatin zu sein, was ich sehr gern und ein wenig gerührt übernahm.

Es überraschte mich, als die junge Mutter mit dem Kind im Arm allein in der Kirche erschien. Aber ich wollte keine Frage stellen; vielleicht war das hierzulande so üblich. Als wir dann mit dem kleinen Felipe auf dem Heimweg waren, sagte ich dennoch:

»Du lebst schon so lange mit dem Eugenio. Jetzt habt ihr einen Sohn. Willst du deinen Mann nicht heiraten?«

»Heiraten?« Maria blieb stehen, in ihren schönen schwarzen Augen funkelte es geradezu gefährlich. »Den Eugenio heiraten? Der will ja nicht lesen und schreiben lernen.«

Zwei Kinder, denen ich in weiter Ferne begegnet bin. Das eine ohne jegliche Erwartung, das andere mit einem wesentlich erwartungsvolleren Start. Welcher Weg eröffnete sich dem kleinen Marokkaner mit der verbeulten Gießkanne, der schon »getötet« hatte? Und auf welchen hat wohl in Mexiko Maria ihr Söhnchen ausgerichtet, die ihm mehr mitgeben und dann gewiß auch mehr von ihm erwarten wollte? Beide Kindchen kamen unschuldig, nackt und wehrlos auf die Welt. Ohne Wartezimmer und ungewarnt.

Hier muß ich gestehen, daß ich diese beiden Episoden schon früher einmal erzählt habe. Diesmal habe ich aber auch vermerkt, daß sie in mir immer wieder und in ganz unvorhergesehenen Zusammenhängen lebendig werden. Etwa wenn von Neugeborenen die Rede ist und von ihrem hoffnungsvollen Eintritt ins Leben.

Wartesäle in Bahnhöfen lassen mich jedesmal ein wenig erschaudern. Sie sind für mich vor allem Orte des Abschiednehmens. Auf die Ankunft eines nahestehenden Menschen wartet man ja zumeist geduldig in eisiger oder schwüler Zugluft direkt auf dem Bahnsteig, will das liebe Gesicht schon hinter einer Fensterscheibe im verlangsamt heranrollenden Eisenbahnwagen erblicken.

Im Wartesaal eines Bahnhofs sieht man oft einem Abschied entgegen, versucht den schwierigen Augenblick der Trennung noch ein wenig zu verdrängen. Man scherzt und lacht ein bißchen gezwungen, sorgt sich, ob die Abfahrenden mit allem Notwendigen ausgestattet sind, versucht den Aufbruch wenigstens um ein paar Minuten hinauszuschieben und gesteht sich nicht ein, daß man diesen unerträglichen Augenblick allerdings am liebsten schon hinter sich hätte.

Wartesäle in Bahnhöfen sind zumeist abweisend kalt. Ein provisorischer Aufenthaltsort zwischen Kommen und Gehen, zwischen Koffern und Rucksäcken und ständig mit meistens kaum verständlichen Bekanntmachungen, Anweisungen, Ankunfts- und Abfahrtsinformationen lautstark berieselt. Man hört sein eigenes Wort nicht und fühlt sich von dem knarrenden Lautsprecher belästigt. In modernisierten Bahnhöfen wurden in den letzten Jahren fast überall die Warteräumlichkeiten durch ein vielfältiges Angebot verschiedenartigster Imbiß- und sonstiger Schnellverköstigungseinrichtungen ersetzt. Im Prager Masarykbahnhof werden zum Beispiel in einer Teestube »an 300 Sorten« des tropischen Getränks angeboten. Das verblüffte mich, denn bei der Wahl hätte ich hier Schwierigkeiten, das für mich angenehmste Aroma zu finden.

Der Wartesaal in diesem Bahnhof, der während der Nazi-Okkupation Hiberner Bahnhof hieß, später auf Prag-Mitte umgetauft wurde und nach dem letzten politischen Umschwung nun wieder seinen alten Namen Masarykbahnhof zurückerhalten hat, fiel in den dreißiger Jahren in keinerlei Weise aus der gewohnten Reihe. Ein gleichgültig unfreundlicher Raum, der vielleicht den einzigen Vorteil hatte, daß in seinem trüben Licht ein paar unaufhaltsame Tränen unbemerkt weggewischt werden konnten. Am Ende der großen Weltwirtschaftskrise in den zwanziger Jahren des vor kurzem vergangenen Jahrhunderts konnte man dort oft sorgenvoll auf Koffern und Bündeln sitzende Slowaken antreffen, die auf der Flucht vor der Arbeitslosigkeit zu Hause ihr Glück im fernen Amerika zu finden hofften. Nicht allzusehr später kauerten in den

Wartesälen der Prager Bahnhöfe nach dem sogenannten »Münchner Diktat«, dem gemeinsamen Beschluß der bisherigen Verbündeten der Tschechoslowakei, Frankreich und England, mit ihren Gegnern, den Angreifern Hitler und Mussolini, tschechische Männer, Frauen und Kinder, die, verjagt aus den von den Nazis besetzten deutschsprachigen Grenzgebieten der Republik, verzweifelt und ratlos darauf warteten, irgendwo untergebracht zu werden. Mit ihrem Schicksal hatte niemand gerechnet, und so gab es für sie zu wenige, nur notdürftige Unterkünfte.

Als ich in den ersten Märztagen des Jahres 1939 mit einem journalistischen Auftrag für knappe zehn Tage nach Bukarest reiste, wurde ich von meiner Mutter, meiner jüngeren Schwester und einer Freundin auf den Bahnhof begleitet. Das war ungewöhnlich bei einer so kurz geplanten Reise ins Ausland. Ungewöhnlich war damals allerdings schon das ganze Leben in unserem Land. Ein Teil Böhmens war bereits Deutschland einverleibt, jeden Tag konnte man mit weiteren unguten Schritten konfrontiert werden. Es waren durchwegs böse Erwartungen, mit denen man sich zu Hause vor den Rundfunkapparat setzte und am Morgen zögernd und auf Schlimmes gefaßt die Zeitung zur Hand nahm.

Meine Mutter war sehr nervös. Ihr schmales blasses Gesicht hatte etwas Verkrampftes, ihre Hände in schwarzen Handschuhen zuckten unruhig. Sie versuchte zu lächeln, aber das gelang ihr irgendwie nicht.

»Was ist los?« Ich bemühte mich, sie zu beruhigen. »Du weißt doch, es ist eine solide amerikanische Zeitung, die Baltimore Sun, die mich losschickt. Ich werde bei Freunden wohnen, mich ein bißchen in Bukarest umsehen, und in zehn Tagen hast du mich wieder zurück.«

Die großen Augen meiner Schwester Alice blitzten mit einemmal überraschend belustigt.

»Ich sehe dich zum ersten Mal mit einem Hut auf dem Kopf«, bemerkte sie amüsiert. »Nicht schlecht. Tust du das aus Respekt vor der Redaktion in Übersee?«

»Erst in zweiter Linie. Rumänien ist bekanntlich ein Königreich, also versuche ich ein wenig Würde aufzuweisen.«

Jetzt lachte sogar auch Mutter ein bißchen. Genau das hatten wir, Alice und ich, ohne verabredet zu sein, hervorrufen wollen. So etwas klappte zwischen uns beiden meistens.

Während meines kurzen Aufenthaltes in der rumänischen Hauptstadt verlieh mir meine dunkelblaue Kopfbedeckung vielleicht wirklich ein etwas respektableres Aussehen, was damals nicht unwichtig war, aber auch keinen richtigen Vorteil brachte.

Seither laufe ich bis heute wiederum hutlos durch die Welt.

Im Warteraum des Masarykbahnhofes begann es damals schließlich über unseren Köpfen zu rasseln, und eine weibliche Stimme gab etwas bekannt. Wir konnten sie nicht verstehen, aber ein Blick auf meine Armbanduhr verriet, daß es sich um meine Zugabfahrt handeln mußte.

»Es ist soweit, ich muß schon gehen.«

Die Freundin drückte mir eine Tafel Schokolade in die Hand.

Als ich Mutter umarmte, spürte ich, daß sie zitterte.

»In zehn Tagen mußt du wieder auf diesen scheußlichen Bahnhof kommen, um mich abzuholen, Mama.«

Sie brachte kein Wort heraus.

»Haben wir jetzt so ein neues Verabschiedungs- und Begrüßungszeremoniell?« bemerkte Alice, warf mir ihre Arme um den Hals und schob mich schnell hinaus.

Ich eilte auf den Bahnsteig, kletterte in den Zug, warf mein Köfferchen auf den Platz und trat ans Fenster. Die drei Frauen standen vor dem Wagen. Ohne zu wissen warum, umfing ich sie mit einem Blick, der sie festhalten wollte, meine angstvolle Mutter, meine lebenslustige kleine Schwester und die solide Freundin.

Der Zug setzte sich in Bewegung. Ich blieb noch lange an dem Fenster stehen, an dem nur mehr eine Prager Vorstadt vorbeizog.

Die Befürchtungen meiner Mutter erwiesen sich als berechtigt. Meine Heimkehr aus Rumänien nach nur zehn Tagen kam nicht zustande. Denn gerade an dem zehnten Tag besetzte die deutsche Wehrmacht den Rest der Tschechoslowakei und verwandelte sie in ein »Protektorat Böhmen und Mähren«. Dort gab es für mich kein Zuhause mehr.

Nach den langen Kriegs- und Exiljahren habe ich meine Freundin noch einige Male wiedergesehen. Meine Mutter und Alice wurden von den Nazis umgebracht. Im Wartesaal des Masarykbahnhofes haben wir die letzten Minuten unseres Zusammenseins verlebt.

Wartesäle in Bahnhöfen lassen mich jedesmal ein wenig erschaudern.

Es kann aber auch ganz anders kommen. Man gestatte mir hier noch einen Abstecher nach Afrika. So sprunghaft verlief es ja auch zumeist in meinem Leben.

Als ich damals aus Sidi-el-Ajachi entlassen wurde, es war an einem Mittag, zog ich selbstverständlich gleich los. Vor meinen Augen flimmerte die Luft in der gnadenlosen Hitze, ich stand auf einer unbekannten Landstraße, besaß nur ein paar

Münzen und hatte keine Vorstellung, wie ich von hier in die Hauptstadt, nach Casablanca, zurückkommen konnte. An beiden Seiten der staubweißen Straße wuchsen müde niedrige Olivenbäumchen, deren Stämme über und über von kleinen Schnecken bedeckt waren. Die glänzten in der Sonne wie lückenlose Panzer. Das alles wirkte auf mich ziemlich beklemmend.

Aber ich mußte etwas unternehmen. Also machte ich ein paar Schritte in dem Staub, schaute mich suchend um – und erblickte zu meiner Erleichterung in nicht allzu großer Ferne eine Hütte. Vor ihr saß jemand, von weitem konnte ich nicht erkennen, ob es ein Mann oder eine Frau war.

Als ich näher kam, sah ich einen Greis mit einem sehr langen silbergrauen Bart, der fast sein ganzes Gesicht bedeckte und wohl bis zu seinen Knien reichte. Der Mann saß bewegungslos auf einer Bretterbank vor einer rundlichen Hütte und schien mir aufmerksam entgegenzuschauen.

»Bonjour«, sagte ich, als ich schon beinahe vor ihm stand.

Er nickte wortlos. Ob er wohl Französisch sprach?

»Was machst du hier?« fragte er in diesem Augenblick, zu meiner Freude in verständlichem Französisch.

»Ich war in Sidi-el-Ajachi. Man hat mich gerade

entlassen.« Er musterte mich, seine Augen unter buschigen weißen Augenbrauen waren klug, aber auch prüfend.

»Allein?« fragte er.

»Ja, allein. Können Sie mir bitte raten, wie ich von hier nach Casablanca zurückkommen kann?«

Er nickte. Dann sagte er: »Du kannst bei mir warten. Hier fährt ein Bus aus Azemour vorbei. In einer halben Stunde, vielleicht auch ein bißchen später. Komm, setz dich, du kannst hier nicht allein herumlaufen. Ich werde dem Fahrer sagen, daß er dich mitnimmt.«

Ich setzte mich neben den Alten.

»Hab keine Angst«, fügte er nach einer Weile noch hinzu. »Hier ist eine Wartestelle. Wenn jemand da ist, bleibt der Bus stehen.«

»Von wo kommen Menschen hierher?« wagte ich zu fragen.

»Manchmal, selten, aus diesem Sidi. Oft niemand. Ab und zu von da drüben«, und er wies mit der Hand in die Leere hinter der Hütte.

Wir saßen eine Weile schweigend nebeneinander. Er betrachtete mich, räusperte sich und sagte schließlich: »Hast du Hunger?«

»Ja, ein bißchen.«

»Ein bißchen!« wiederholte er. »Du kommst aus diesem Sidi und bist jung. Du hast bestimmt richtigen Hunger.«

Er erhob sich, schlurfte in die Hütte und winkte mir. Ich ging ihm nach. Der Warteraum war etwas kühler, fensterlos und dämmrig. In einer Ecke lagen ein paar bunte Tücher auf dem Boden, offenbar das Lager des Mannes. Neben dem Eingang stand ein Tischchen. Auf ihm häufte sich ein ganzer Berg pflaumenvioletter frischer Feigen.

»Greif zu«, sagte der Alte, »soviel du willst. Du mußt ja noch warten.« Und er ging wieder hinaus. Ich nahm eine Handvoll Feigen und lief ihm nach. Sie schmeckten wunderbar.

Von neuem saßen wir auf dem Bänkchen vor dem Wartehäuschen. Ich fühlte mich bei dem alten Mann sicher.

»Iß noch«, sagte er nach einer Weile, »und hab keine Angst. Ich werde dafür sorgen, daß du sicher nach Casablanca gebracht wirst. Dort wartet jemand auf dich?«

»Nein, ich bin hier ganz allein. Auf der Flucht aus Frankreich.«

Abermals musterte er mich, dann erhob er sich und brachte aus dem Häuschen eine ordentliche Portion Feigen, schüttete sie mir in den Schoß und bemerkte nur: »Iß. Bist jung und hungrig. Und der Krieg ist eine Bestie. Iß und hab keine Angst, bei mir kannst du ruhig warten.«

Als nach einer guten Stunde auf der Straße ein Staubwirbel aufkam, stand der alte Mann auf und begann mit den Händen in den weiten Ärmeln seines Kaftans zu winken. Ein kleiner, leicht schwankender Bus tauchte auf, bremste und blieb kreischend vor dem Häuschen stehen. Er war unwahrscheinlich voll: Männer, Frauen und viele Kinder. Dazwischen Hühner, ein paar Schafe und Ziegen.

Der Alte ging zu dem Fahrer, einem nicht mehr ganz jungen Araber. Sie sprachen miteinander, dann winkte mir der Mann von dem Bus zu. Einige Frauen ließen inzwischen die Schafe und Ziegen ein bißchen herumlaufen und ihr Wasser loswerden.

»Setz dich neben mich«, sagte der Fahrer, »du bist dünn, das wird schon gehen.«

Ich wollte dem alten Mann danken, er schüttelte nur den Kopf mit dem langen Silberbart, steckte mir noch ein paar Feigen zu und schob mich hinauf in den Wagen. Dabei strich er mir mit seiner mageren Hand wie zufällig über den Kopf.

»Hab keine Angst«, sagte er noch einmal. Ehe er zu seiner Bank vor dem Häuschen zurückkehrte, wechselte er noch mit dem Fahrer ein paar für mich unverständliche Worte.

Inzwischen wurden die Schafe und Ziegen neu aufgeladen, Kinder ermahnt, Hühner festgebunden, und das Fahrzeug setzte sich ächzend in Bewegung.

Der Alte saß von neuem vor dem Wartehäuschen, strich den Silberbart zurecht und blickte ansonsten bewegungslos in die flimmernde, für ihn vielleicht gar nicht leere Welt. Obwohl der kleine Bus mühevoll und recht langsam über die holprige Straße ratterte, verschwanden Mann und Häuschen sehr bald aus unserer Sicht.

Was ist eigentlich Warten? Ein Zustand, in den man versetzt wird, den man mitunter selbst wählt, der einem allerdings oft sogar richtig aufgezwungen wird. Warten ist etwas ganz anderes als Erwarten. Man wartet auf einen Menschen, auf ein Transportmittel, eine Nachricht. Aber man erwartet ein Ereignis, eine Änderung im Leben. Man weiß, daß das Dasein einen Anfang, jedoch auch ein Ende hat. Ein Ende, dem nichts mehr folgt. Das erwartet man nicht. Man weiß davon, kann es nicht ändern, muß sich damit abfinden.

Warten hat viele Varianten. Es kann sich zum Beispiel schon bei einem Theaterabend in den verschiedensten Formen abspielen. In früheren Jahren stand man vor dem Beginn der Vorstellung eine längere oder kürzere Zeit erst mal in der Garderobe und begab sich dann, um Mantel und Regenschirm oder gar auch einen Hut erleichtert, in eine Art Vorraum. Dort stand man dann herum, begrüßte Bekannte, registrierte, wer mit wem da war und daß Frau X. auch schon ein bißchen älter geworden ist, wiewohl sie es nicht zugeben will, und daß Professor Z. immer noch recht gut aussieht. All das pflegte von einem gewissen Kribbeln, einer ganz besonderen Spannung durchzogen zu sein, wie man sie sonst so nicht empfand – nämlich von der Erwartung des Bühnenerlebnisses. Dieser Zustand ergriff einen in verschiedener, ganz spezifischer Form. Ein bißchen bange und eindeutig seriös, wenn man einem Drama oder gar einer Tragödie beiwohnen sollte. Heiter und fröhlich ungeduldig, wenn eine Komödie oder Satire auf dem Programm stand.

In Prag gab es in den dreißiger Jahren des vorigen Jahrhunderts ein ganz besonderes Theater, das in die üblichen Kategorien schwer einzureihen war. Satire, Avantgarde, Clownerie? Von alldem eine gesunde Portion und alles auf kühnem, künstlerisch einwandfreiem, experimentierfreudigem Niveau. Es hieß »Befreites Theater« und trug diesen Namen zu Recht. Ins Leben gerufen wurde es von zwei hochbegabten, eindeutig fortschrittlichen und in jeder Hinsicht draufgängerischen jungen Männern: Jiří Voskovec und Jan Werich.

Bei ihnen war eigentlich der ganze Zuschauerraum ein Wartesaal. Sowie man ihn betrat, wurde man, obwohl der Vorhang vor der Bühne noch zugezogen war, von einer ganz eigenartigen, verheißungsvollen und erfrischenden Atmosphäre umfangen. Ein bißchen so, wie man am Weihnachtsabend oder noch besser zu Silvester eine festliche

Stunde erwartet. Unwillkürlich sah man sich um, mit wem man in den nächsten Stunden am Genuß der Aufführung teilhaben wird.

Beim Warten in diesem Zuschauerraum gab es schon etwas zu sehen. Den Bühnenvorhang hatte nämlich František Zelenka geschaffen – eine faszinierende Persönlichkeit –, der jahrelang mit dem Befreiten Theater auch bei der Bühnenausstattung zusammenarbeitete. Dieser Künstler, Architekt, Funktionalist und Konstruktivist wagte selbst gewisse Experimente mit der dritten Dimension. Nach der Besetzung der Tschechoslowakei durch Hitlerdeutschland wurde Zelenka nach Theresienstadt deportiert. Selbst dort setzte er, soweit es die Zustände im Ghetto zuließen, für die Mitgefangenen seine Theateraktivität fort. Was hätte man von diesem dynamischen, phantasievollen Künstler noch erwarten dürfen, wäre er nicht am 19. Oktober 1943 nach Auschwitz transportiert und dort umgebracht worden. Eines der zahlreichen vielversprechenden Talente, die der Menschheit in den Gasdämpfen und Flammen jener Hölle geraubt wurden.

Wenn man im Krisenjahr 1938 im Zuschauerraum des Befreiten Theaters auf den Beginn der Vorstellung wartete, kannte man bereits die Bedrohung durch den Diktator im Nachbarland. Von dem geplanten Inferno ahnte man zum Glück noch nichts.

In bleibender Erinnerung ist mir mein letzter Besuch bei Voskovec und Werich kurz vor dem Ausbruch der sogenannten Münchner Krise, dieses unseligen Diktats von seiten Hitlers und unserer »großen Verbündeten«, das die Tschechoslowakei den braunen Machthabern preisgab und dem Ausbruch des zweiten Weltkrieges den Weg ebnete. Ehe es soweit war, brachte die Krise und die mit ihr heraufbeschworene Gefahr Journalisten aus den verschiedensten Ländern nach Prag. In der Redaktion, in der ich damals arbeitete, es war die aus dem »Dritten Reich« emigrierte AIZ, die Arbeiter-Illustrierte-Zeitung, gingen sie aus und ein. Unser Chefredakteur, Franz Carl Weiskopf, ein Prager Schriftsteller und Journalist und auch hervorragender Übersetzer tschechischer Lyrik in die deutsche Sprache, war international bekannt und zudem imstande, mit jedem in seiner Sprache zu konversieren. Mit dem amerikanischen Autor Erskine Preston Caldwell und seiner Frau, der Fotografin Margaret Bourke-White, englisch, mit Gabriel Péri französisch, russisch mit Michail Kolzow, mit dem Außenminister unserer Republik, dem Historiker Dr. Kamil Krofta, der in gewissen Fragen Weiskopfs Empfehlungen schätzte, in der Landessprache Tschechisch.

Ich funktionierte in der Redaktion mit meinen knapp zwanzig Jahren als Mädchen für alles und hatte dabei natürlich auch Augen und Ohren für alles. Meine Aufgaben waren verschiedenster Art.

So mußte ich zum Beispiel eines Tages von meinem Chefredakteur entdeckte Dokumente über die gegen die Republik gerichtete Tätigkeit der sudetendeutschen Konrad-Henlein-Partei der britischen Delegation eines Lord Runciman, die nach Prag gekommen war, um in Sachen »deutschsprachige Grenzgebiete« zwischen der Regierung und den einheimischen Nazis zu schlichten, im Hotel Alcron überbringen.

In der ungemütlich eleganten Hotelhalle ließ man mich ziemlich lange warten. Zwischen den Damen und Herren, die rings um mich einen Drink zu sich nahmen, hockte ich mit meinem Mineralwasser ungeduldig an einem Ecktischchen und bereitete im Kopf eine englische Anrede vor, um dem Lord unsere Weltgewandtheit vorzuführen. Endlich sah ich eine Henlein-Delegation – aus der Presse bekannte Gesichter – die Treppe herabkommen und dachte: Jetzt komme ich an die Reihe. Da stand auch schon irgendein Laufbursche der britischen Delegation vor mir.

»Sie sind das Fräulein von Dr. Weiskopf?«

»Ja, und …«

»Darf ich die Dokumente haben? Besten Dank.«

Und weg war er, zurück blieb große Enttäuschung. Meine diplomatische Mission fand überhaupt nicht statt.

Erfolgreicher und erfreulicher war meine nächste

Aufgabe. Ich durfte einen jungen Amerikaner, den Journalisten Theodore Draper, ins Befreite Theater begleiten.

Ein paar Tage zuvor war ich mit ihm im Grenzgebiet der Republik gewesen, wo er entsetzt den mörderischen Überall auf eine tschechische Gendarmeriestation registrieren konnte. Damals war Draper Redakteur der linksgerichteten amerikanischen Zeitschrift New Masses, ab 1939 wurde er dann einer der angesehensten und in der Presse der USA laufend zitierten Theoretiker und Analytiker des Kriegsgeschehens.

Als wir bei Voskovec und Werich den Zuschauerraum betraten, blieb mein Gast stehen, blickte sich offensichtlich erregt um und bemerkte:

»Hier liegt etwas in der Luft. Was es ist, kann ich nicht definieren. Aber das hier ist kein Zuschauerraum, das ist ein Tatort. Das rieche ich, dazu muß ich kein Tschechisch verstehen.«

Wir fanden unsere Plätze, setzten uns nieder, er drehte seinen Kopf nach allen Seiten, betrachtete die Menschen ringsum.

Ich machte ihn auf den Bühnenvorhang aufmerksam, aber in diesem Augenblick entstand eine Art Rauschen unter den wartenden Menschen. Alle wandten den Kopf in die gleiche Richtung.

Ein Herr kleinerer Gestalt, begleitet von einer blonden Dame, schritt langsam die Reihen entlang, erwiderte unterwegs ein paarmal mit einem lächelnden Kopfnicken Grüße aus dem Publikum.

»Wer ist das?« fragte Draper. »Ein bekannter Theatermensch?«

»Nein«, antwortete ich, »der Staatspräsident Dr. Beneš.«

»Der kommt einfach so?«

»Wie du siehst – einfach so.«

Da betrat aber schon das Satirikerpaar die Vorbühne. Aus den Wartenden wurden schlagartig Zuschauer, Zuhörer, ja beinahe auch Mitwirkende. Denn das witzige, geistreiche und mutige Wortduell der beiden nachdrücklich antifaschistisch ausgerichteten Clowns mit den weiß gepuderten Gesichtern befaßte sich mit der heiklen aktuellen Lebenslage der Republik und somit auch von uns allen, erteilte waghalsige Ratschläge und kritisierte höflich, aber eindeutig auch gewisse Schritte und Aussprüche des hohen Gastes in der ersten Reihe. Der lachte amüsiert wie wir alle und klatschte dann gemeinsam mit seiner Gattin ebenso anerkennend Beifall.

Wir beide, Draper und ich, ernteten gleichfalls besonderen Applaus. Das kam so: Ich mußte ihm die treffenden Äußerungen von der Bühne übersetzen und auch erklären, und so erklang sein fröhliches Lachen stets eine halbe Minute später als das vom Publikum ringsum. Bei den Menschen in unserer Nähe rief diese Verzögerung dann einen kleinen Sonderapplaus hervor.

Nach seiner Heimkehr in die USA hat Theodore Draper in seinen Briefen an mich »those lovely two hours in that extraordinary theatre in endangered Prague« (»die wunderbaren zwei Stunden in dem außerordentlichen Theater im gefährdeten Prag«) noch oft erwähnt.

Eine ähnliche und dennoch durchaus andere Warte-Atmosphäre vor dem Beginn einer Vorstellung habe ich viele Jahre später noch einmal intensiv erlebt. Damals war ich mit meinem Mann Theodor Balk für einige Tage in Berlin, und Helene Weigel hatte uns in ihr Theater am Schiffbauerdamm eingeladen. Bertolt Brecht war kurz zuvor gestorben.

Gespannt und erwartungsvoll trat ich über die Schwelle des berühmten Hauses. Während des Wartens im Vorraum begegneten wir Freunden aus gemeinsamen Emigrationsjahren und Balk, der vor der Hitler-Zeit in Berlin gelebt hatte, auch einigen alten Bekannten aus längst vergangenen Tagen.

Ich war ungeduldig. Das Herumstehen und Ausgraben schon verblaßter Erinnerungen sagte mir nicht zu, bedrückte mich eher. Ich war das Brecht-Theater besuchen gekommen, ungeachtet dessen, daß der Dichter nicht mehr unter uns weilte. Unauffällig drängte ich meinen Mann in Richtung Zuschauerraum.

Als wir den endlich betraten, passierte, was ich erwartet hatte und stets so intensiv erlebe: die kribbelige Atmosphäre beim Warten auf eine unbekannte, aber in diesem Theater auf jeden Fall interessante und fesselnde Vorstellung zog mich auch hier sofort in ihren Bann.

Am Schiffbauerdamm war es gleichfalls der Bühnenvorhang, der sofort meine Aufmerksamkeit hervorrief. Vor meinen Augen hing ein riesiges Stück groben weißgelben Stoffes, und von seiner ganzen Breite richtete Picassos weltweit bekannte kämpferische Friedenstaube ihren Blick auf uns. Gerade so etwas hatte ich erwartet. In diesem Haus war ich keine Fremde.

Ich ließ mich auf meinem Platz nieder, vermeinte wieder einmal eine besondere Atmosphäre einatmen zu können, stellte fest, daß auffallend viele junge Menschen in amerikanischer Uniform »von drüben«, das heißt aus dem westlichen Teil Berlins, da waren. Zu jener Zeit bestanden noch zwei deutsche Staaten, und das Brecht-Theater war für die jungen Leute in der US-Army ein anerkannter und beliebter kultureller Anziehungspunkt. All das freute mich, und so wartete ich in guter Stimmung auf das kommende Bühnenerlebnis.

Im Prager Befreiten Theater von Voskovec und Werich und im Berliner Brecht-Ensemble wurde ich niemals enttäuscht.

Gibt es irgendwo auf der Welt Warteräume für den Empfang von Briefen, von guten, aber auch schlechten Nachrichten? Im Zeitalter von Computern, E-Mail-Sendungen etc. wohl eine müßige, wenn nicht gar lächerliche Frage. Wer möchte seine Zeit mit Warten vergeuden? Man sitzt zu Hause oder im Büro, läßt seine Fingerspitzen über die Tasten laufen oder mit der leblosen »Maus« manipulieren, und über den Bildschirm huschen die erhofften oder befürchteten Mitteilungen. Alles technisch perfekt, ohne überflüssige Weitschweifigkeit. Keine Frage, jetzt ist das so. Früher, gestern und vorgestern, war es anders.

Im französischen Internierungslager Rieucros, in dem während des letzten Weltkrieges vornehmlich Ausländerinnen festgehalten wurden, gab es neben den zahlreichen Holzbaracken nur ein kleines verwittertes Gebäude, das einzige Steinhaus. Dort war der Sitz der Kommandantur. Davor breitete sich in dem gebirgigen Terrain eine nicht allzu große, aber immerhin flache Plattform aus. Das war der Appellplatz des Lagers und der Warteraum für den Postempfang.

Sowie der Ruf: »Le courrier!« durch die Baracken erklang, ergab sich ein allgemeiner Aufbruch. Selbst Frauen, die kaum mit einer Nachricht von jemandem rechnen durften, die niemanden hatten, der imstande war, ihnen eine Botschaft zukommen zu lassen, eilten zu dem Steinhaus. Man konnte ja nie wissen …

Die Post brachte und verteilte der Ökonom von Rieucros, ein weder freundlicher noch unfreundlicher, gleichgültiger Beamter aus dem nahen Städtchen Mende. Die Frauen umringten ihn, manche zupften ihn am Ärmel seiner Jacke, als wollten sie etwas aus ihm herausschütteln. Andere schielten nach den Briefumschlägen in seinen Händen. Die rot und blau umrandeten waren die sogenannten Clipper, Flugpost aus den USA, also vom anderen Ende der Welt, wo es in den Jahren 1939 bis 1941 noch keinen Krieg gab und wo man vielleicht in gewisser Ruhe wieder Fuß fassen könnte. So hoffte man in dem improvisierten Warteraum unter freiem Himmel.

Als es mich dann im Laufe der Kriegswirrnis nach Casablanca verschlug, hatte ich ein ganz anderes Postwarteraum-Erlebnis. Die französische Kolonialmacht hat in Marokko mancherorts bemerkenswerte, sachlich moderne, der Umgebung angepaßte Bauten errichtet. So zum Beispiel die Hauptpost in Casablanca.

Als ich dieses mit bunten Mosaiken ansprechend verzierte, recht große Gebäude entdeckte und zum ersten Mal die geräumige Halle betrat, mich umsah und über einem Schalter die Aufschrift »Poste restante« erblickte, wußte ich sofort: Hierher wirst du sehr oft kommen.

Ich steuerte auf den Schalter zu und erkundigte mich, ob man auch Post aus besetzten Ländern in die noch kriegsfreie Stadt lenken könnte. Die Antwort war ein kategorisches Nein. Und aus dem noch unbesetzten Stück Frankreich Marschall Pétains? fragte ich weiter.

Nun musterten mich die großen dunklen Augen des jungen Mannes hinter der Glasscheibe prüfend, wie mir schien auch ein wenig beunruhigt.

»Sie erwarten Nachrichten poste restante? Sagen Sie mir Ihren Namen, dann kann ich nachsehen, ob etwas für Sie da ist.«

»Nein, nein«, antwortete ich schnell, »heute bestimmt noch nicht.«

Die großen dunklen Augen blickten mir aufmerksam nach, als ich den Schalter verließ. Ich spürte es im Rücken.

Entlang der Wände in dem stillen, beinahe menschenleeren, angenehm kühlen Raum gab es einige Steinbänke. Auf einer ließ ich mich nieder. Und da begann es:

»Bis ich das nächste Mal hierher komme«, flüsterte es in meinem Kopf, »wird ein Brief von meiner Mutter oder vielleicht meiner kleinen Schwester hinter dem Poste-restante-Schalter auf mich warten. Alice wird mir schreiben, daß es ihr gelungen ist, Prag zu verlassen, und daß sie zu mir unterwegs ist. Wir werden einander bald wiedersehen.«

In der Halle war es, wie schon vermerkt, angenehm frisch, kein glühender Sonnenstrahl erhitzte meinen Kopf. Dieser Raum, in dem andere Menschen eine gute Nachricht erwarten und sogar auch erhalten konnten, übte auf mich einen unverhofften, beinahe beglückenden Einfluß aus. Ich saß ganz still in der Postwartehalle und träumte mit offenen Augen.

Zwei Tage später kam ich wieder. Den Poste-restante-Schalter betrachtete ich nur von weitem, gestattete mir keine sinnlose Frage, lenkte meine Schritte zu einer der Bänke.

Ich setzte mich nieder und bemerkte in meiner Nähe zwei verschleierte Frauen, die sich leise kichernd unterhielten. Eine hielt ein Päckchen in der Hand. Nach einer Weile brachten es die beiden gemeinsam zu einem der Schalter, erledigten die Übergabe der Sendung und verließen fröhlich die Post. Ich blieb von neuem fast ganz allein in dem großen Warteraum.

Ich schloß die Augen nicht, heftete meinen Blick auf den schräg gegenüber befindlichen Poste-restante-Schalter, wollte mir nicht entgehen lassen, was sich dort abspielte. Aber nur ein alter Mann schlenderte vorbei, winkte jemandem hinter dem Schalter mit der Hand zu und schlurfte langsam weiter. Ich überlegte, was ihn wohl hierhergeführt hatte. Die angenehme Kühle, die hiesige erfrischende Ruhe in der übervölkerten turbulenten Stadt? Und da geschah es mit einemmal wieder:

Diesmal war es eine Nachricht aus England oder Amerika oder von sonstwo, die hier bestimmt auf mich wartete. »Sei nicht traurig«, heißt es da, »ich bin in Spanien nicht gefallen, wie du erfahren und gelesen hast, ich bin zwar nicht mehr hier, aber ich bin, und wir werden einander wiedersehen und auch zusammen zurückkehren, nach Hause, nach Prag.«

»Aber du bist doch schon lange tot«, flüsterte es in meinem Kopf.

»Das macht nichts«, beruhigte mich die vertraute junge Stimme von einst, »damit werden wir fertig werden. Das mußt du mir glauben.«

Kann einen Post aus dem Jenseits erreichen? In umgekehrter Richtung halten wir es doch für möglich. So manche Kirche übernimmt diesen Dienst. Und zu Weihnachten schreibt man auf der ganzen Welt dem Christkind. In Jerusalem preßt man seine Klage oder auch eine Bitte zwischen die Steine der Klagemauer. Aber landen diese Botschaften auch bei ihrem Empfänger?

Als ich mich in dem Postgebäude in Casablanca schließlich von der Bank erhob, hatte ich das Gefühl, daß etwas leise klirrend von mir abglitt. Ich blickte mich um und sah nur, was wirklich da war.

Diesmal saß ein Mädchen mit unverdecktem Gesicht hinter der Glasscheibe am Poste-restante-Schalter, eine Französin.

»Leider«, sagte sie, nachdem ich meinen Namen genannt hatte, »heute habe ich nichts für Sie. Vielleicht das nächste Mal.«

Es zog mich immer wieder in den schönen, angenehmen Postwarteraum. Mit der Zeit wurde ich hier ein leicht erstaunt geduldeter Stammgast. Die Stadt war voll von rätselhaften Fremdlingen. Die kleine Person mit ihrer hartnäckig vorgebrachten stets gleichen Frage war nichts Besonderes.

Ich hatte jedoch inzwischen meinen Freunden in Marseille mitgeteilt, sie könnten mich in Casablanca poste restante erreichen. Und eines Tages war es dann endlich wirklich soweit:

»Zwei Briefe für Sie«, meldete mir der junge Mann mit den dunklen Augen hinter seinem Schalter und schien selbst zufrieden zu sein, daß er mich nicht abermals mit einer Absage enttäuschen mußte. Er konnte ja nicht wissen, daß mein Warten in der stillen großen Halle dennoch niemals ganz sinnlos war.

So verlief es damals während meines unerwarteten, in vieler Hinsicht einzigartigen Exilaufenthaltes in Nordafrika.

Auch in der Prager Hauptpost gibt es einen richtigen, wenngleich etwas ungewöhnlich geräumigen

Wartesaal. Eigentlich eine Wartehalle, mit Glas überdacht und mit zahlreichen bequemen Holzbänken ausgestattet. Ein nüchterner Raum, in dem der Öffentlichkeit an die dreißig Schalter pausenlos zur Verfügung stehen. Allein …

Ich habe hier oft Ausländer beobachtet, die von der lebhaften, voll auf Tourismus und business ohne Zeitverlust eingestellten Straße in der lärmenden, unsentimentalen Stadtmitte die geräumige Halle mit einer im Vorraum automatisch erworbenen Nummer in der Hand betreten – und verblüfft stehenbleiben.

Die Wartehalle der Hauptpost ist in der Tat überraschend. Ihre vier hohen Wände sind ringsum reichhaltig verziert. Blumengebinde ranken sich von oben nach unten, durchsetzt mit pausbäckigen kleinen Nackedeis, da und dort auch mit einer weiblichen oder männlichen Figur in reichlich um sie drapiertem Gewand.

Einmal saß ich wartend auf einer der Holzbänke neben einem bildhübschen japanischen Mädchen. Ich war an jenem Tag nicht nur mit der Absicht hergekommen, meine Post loszuwerden. Ich wollte mich diesmal in dem von Menschen verschiedenster Art reichlich besetzten Warteraum ein wenig gründlicher umsehen. Die Besucherin aus dem Land der aufgehenden Sonne neben mir telefonierte mit jemandem mit Hilfe eines winzigen Handys in einem mir unverständlichen Idiom, wahrscheinlich ihrer Muttersprache. Dabei wies sie mit der kleinen freien Hand immer wieder irgendwohin in die Höhe. Sonderbar! Ich hätte gern versucht mit ihr ein paar Worte zu wechseln, aber da leuchtete gerade meine Nummer über einem der Schalter auf, und ich mußte meine Post erledigen.

Als ich fertig war und mich umwandte, war die zierliche Japanerin mit ihrem Gespräch noch nicht zu Ende, hob aber den mit einem blauen Strohhütchen bedeckten Kopf und winkte mir zu meiner Überraschung zu. Also setzte ich mich von neuem neben sie. Es folgten noch einige fröhlich gezwitscherte Ausrufe, und dann war das Handy-Gespräch offenbar abgeschlossen. Das Mädchen oder die junge Frau, das konnte ich nicht unterscheiden, wandte sich mir zu.

»English?« lautete ihr erstes, mir verständliches, hoffnungsvoll hervorgebrachtes Wort.

Als ich nickte, strahlte sie über ihr ganzes Gesichtchen, hob abermals die Hand und rief:

»So ein Postgebäude habe ich noch nirgends gesehen. Sind sie in diesem Land überall solcher Art?«

Der Zufall wollte es, daß ich, immer wieder von der Ungewöhnlichkeit unserer Hauptpost beeindruckt, mich gerade vor kurzem dazu aufgerafft hatte, der Vergangenheit und dem Ursprung dieser außerordentlichen Ausstattung eines Amtsgebäudes ein bißchen nachzugehen. Das kam mir nun zugute.

»Vor vielen Jahren war hier ein botanischer Garten«, begann ich.

»Ein Garten? Hier? Vor dem letzten Krieg?« Sie riß ihre schmalen Äuglein auf.

»Nein, das war viel früher, schon im 14. Jahrhundert. Damals hatten wir einen Kaiser, so wie Sie bis heute. Der unsrige hieß Karl IV. und soll recht oft diesen Garten besucht haben.«

Sie zog ein wenig die Stirn in Falten, schien nachzudenken.

»Es war sein Garten? Der kaiserliche?«

Ich schüttelte den Kopf. »Keineswegs. Ein italienischer Apotheker aus Florenz soll sein Besitzer gewesen sein.«

Jetzt schüttelte die kleine Japanerin ihren Kopf mit dem blauen Strohhütchen.

»Der Apotheker war wohl ein Freund vom Kaiser, wie interessant. Ich weiß nicht, ob das bei uns möglich wäre ... Die Zeremonialgesetze sind sehr streng.«

»Ihr jetziger Kaiser hat sich kürzlich bei seinem Besuch in Prag mit unserem damaligen Präsidenten, dem Schriftsteller Václav Havel, angefreundet«, informierte ich sie.

»Ach! Mit einem Schriftsteller?« wiederholte

meine neue Bekannte aus dem fernen Osten. »Wie schön, wenn so etwas möglich ist. Aber manchmal kann es auch gefährlich sein.«

»Gefährlich?« Ich war überrascht. »Warum?«

»Weil niemand weiß, was so ein Autor demnächst schreiben wird. So irgendwie. – Und warum ist der Garten nicht mehr da?«

Meine Sitznachbarin schien recht gründlich zu sein. Nun holte sie auch noch aus ihrer großen bunten Tasche einen winzigen Notizblock hervor, klipste an ihm herum und blickte mich dann erwartungsvoll mit ihren intelligenten Augen an. Da konnte ich unser Gespräch auf keinen Fall beenden, das wäre sehr unhöflich gewesen. So brillierte ich lieber mit weiteren Informationen.

»Im Jahr 1736 soll hier ein Graf Spork ein Kloster errichtet haben.«

»Ein Kloster?« Der Notizblock oder was das Ding in den kleinen Händen war, wurde eingeschaltet. »Für Männer oder für Frauen?«

Allem Anschein nach hatte ich es mit der gründlichsten Besucherin aus Japan zu tun. So konnte ich auspacken, was ich selbst erst vor kurzem erfahren hatte.

»Es war ein Kloster der Celestinerinnen und wurde im Jahr 1782 aufgelöst.«

»Und warum?«

»Also das weiß ich nicht«, mußte ich gestehen.

»Im Jahr 1871 wurde das Kloster sogar niedergerissen.«

Meine asiatische Gesprächspartnerin blickte mich respektvoll an. »Sie sind Professorin?«

»Nein, nein.«

Sie maß mich mit einem prüfenden Blick. »Und wieso wissen Sie das alles?«

»Einfach so. Weil mich dieser Warteraum interessiert.«

»Diese Wartehalle in der Hauptpost? Warum?«

»Weil man im Leben so oft auf etwas oder auf jemanden wartet.«

Da sprang die Japanerin so schnell auf, daß ihr blaues Strohhütchen in gefährliches Rutschen geriet.

»Mein Mann wartet in einem Café auf dem Wenzelsplatz auf mich. Ich hätte schon längst dort sein sollen. Verzeihen Sie ...«

Sie faltete die Händchen, verneigte sich vor mir, einmal, zweimal ...

»Ihr Mann wartet«, sagte ich und verneigte mich gleichfalls. Aber da rannte sie schon dem Ausgang zu.

Ein wenig atemlos nach dem erschöpfenden Gespräch, ließ ich mich von neuem auf die Holzbank fallen. Als ich nun in Ruhe die bemalten Wände des einstigen Klostergartens betrachtete, schienen mir die pausbäckigen Kobolde zwischen den Blütenranken beinahe zuzulächeln. Weil ihr Garten ein botanischer war, muß es hier auch Bienen und Hummeln und nachts womöglich funkelnde Glühwürmchen gegeben haben. Die Menschen mit ihren Briefen und Zahlungen, die nunmehr hier in ständiger Eile aus und ein gehen, müssen für die zeitlosen Kleinen zwischen den Girlanden an den Wänden uninteressant, belanglos, flüchtig sein.

Schon wollte ich mich erheben und die große Wartehalle verlassen, da fiel mein Blick noch einmal auf die beiden Paare, auf die zwei Männer und zwei Frauen in den romantischen Gewändern zwischen den romantischen Gewächsen und Blumenranken. Sie sind zwar stumm, dennoch verspricht jedes Paar dem Betrachter etwas, das hier wohl für immer angeschrieben steht:

»Wir verbinden eure Gedanken und eure Arbeit«, verkünden die einen und:

»Wir verbinden alle Völker der Welt«, ergänzen die anderen.

Haben sie ihre Versprechen stets redlich gehalten? Auch in den Jahren, da meine Mutter diese Halle nicht betreten durfte, weil an ihrem Mantel ein gelber Stern angeheftet sein mußte?

Das ist zum Glück schon Vergangenheit. Ebenso wie das, was später kam, als die Verbindung aller Völker der Welt vorübergehend auf einen eisernen Vorhang aufprallte und nur eine verlockende Verheißung sein konnte. Auch das ist Gott sei Dank schon überstandene Vergangenheit. Die beiden stummen Paare und die niedlichen Kleinen zwischen den Blumenkelchen an der Wand müssen den großen Wartesaal mit den vielen Menschen in der Prager Hauptpost recht aufmerksam bewachen, um ihn für immer vor bösem Mißbrauch zu schützen.

In Wartezimmern profilieren sich die Menschen in verschiedene Typen. Eine beträchtliche Gruppe bilden die »wichtigen« unter ihnen, und in dieser Kategorie gibt es wieder die wichtigsten, die mit dem Markenzeichen VIP. Die blicken sich gleich beim Betreten des Raumes um, als wollten sie feststellen, wer unter den Anwesenden den lächerlichen Anspruch erheben könnte, vor ihnen an die Reihe zu kommen, was doch wirklich abwegig wäre. Daß diese Leute hier bereits längere Zeit waren? Na wenn schon, die haben ja bestimmt nichts oder zumindest nichts Dringendes, Bedeutsames zu tun. Während man selbst ... Mit dem Handy am Ohr setzt sich der Wichtige nieder, springt aber gleich wieder auf, läuft mit dem Apparat heftig gestikulierend zwischen den Wartenden umher, ruft Nervosität und Unwillen hervor und steht auf diese Weise am meisten sich selbst im Weg.

Daneben gibt es die Unsicheren, Schüchternen. Zu denen zählen vor allem Frauen. Schon bei der

Einrichtung an der Tür mancher Warteräumlichkeiten, aus der man eine Nummer hervorholen muß, zögern sie. Welche Taste ist nun die richtige für mich? Schließlich wählen sie eine und setzen sich mit der Nummer in der Hand endlich nieder. Bald stehen sie jedoch wieder auf, blicken sich verunsichert um, verbreiten, ohne es zu wollen, gleichfalls Unruhe und Nervosität. Warten entspricht oft einer belastenden Geduldsprobe.

Es gibt freilich Wartezimmer, in denen man sich einer ganz spezifischen Art von Nervosität nicht ganz entziehen kann, weil sie dort quasi in der Luft liegt. Der muß man sich mit mehr oder weniger Erfolg stellen.

Jeder von uns ist bekanntlich im Laufe seines Lebens manchmal, in späteren Jahren immer öfter, Patient. Man geht zum Augenarzt, muß mitunter einen Zahnarzt aufsuchen (das »Muß« in diesem Fall ist kein Zufall), ist zu einer Kontrolluntersuchung bestellt. Der Weg zu einem jeden solchen Besuch führt unausweichlich über ein Wartezimmer.

Beim Zahnarzt sitzen die Menschen meistens stumm nebeneinander, blättern flüchtig in den vorliegenden, oft längst überholten Zeitschriften, strecken die Hälse, wenn die Tür der Ordination aufgeht und die Assistentin des Arztes den nächsten Patienten aufruft. Allgemeines Murren entsteht, wenn der übernächste aufgefordert wird, weil man ja den Grund für die so gewählte Reihenfolge nicht kennt und dem Herrn oder der Frau Doktor unwillkürlich unberechtigtes Protektionsverhalten unterschiebt.

»Mir tun alle Zähne weh, schon eine ganze Woche, Tag und Nacht«, ließ sich einmal in einem Wartezimmer, in dem auch ich schon längere Zeit einen Stuhl drückte, ein ziemlich korpulenter Mann, der bis dahin keinen Laut von sich gegeben hatte, erbost vernehmen. »Den sie jetzt vor mir hereingeholt haben, der sah ganz munter aus.«

»Der Herr Doktor weiß schon, was er tut«, verteidigte den Arzt eine zierliche alte Dame. »Er hat mein volles Vertrauen.«

»Na ja«, lenkte der Korpulente ein, »aber davon hören meine Zahnschmerzen nicht auf.« Und er langte verärgert nach einer Zeitschrift auf dem runden Tischchen neben sich. Der Dentist, in dessen Wartezimmer sich diese Szene abspielte, war allem Anschein nach sehr an bildender Kunst interessiert. Die Wände schmückten hier perfekte Drucke impressionistischer Bilder, und die meisten Zeitschriften, die zur Verfügung standen, befaßten sich mit Malerei, Ausstellungen und ähnlichen Themen.

Der ungeduldige Patient schlug nervös Seite um Seite in der Revue auf und legte das Heft beinahe angeekelt bald wieder zu den anderen zurück.

»Lauter Unsinn«, erklärte er in die Runde, »davon kann einem zu den Zähnen auch noch der ganze Kopf weh tun.«

Die zierliche alte Dame seufzte nur resigniert.

In medizinischen Einrichtungen gibt es allerdings unter anderem auch Warteräume, die allein schon durch ihre Bestimmung bei den Menschen, die sie aufsuchen müssen, eine gewisse Niedergeschlagenheit und Bangigkeit hervorrufen. Wenn nämlich die Krankheit, die sie hierherführt, zu den schlimmsten, am meisten befürchteten zählt. Aber auch da kommt das Leben mit, läßt sich nicht ausschließen, schillert in verschiedenen Farben, kauert in allen Ecken und wartet, ungeachtet dessen, ob es von den Anwesenden noch respektiert und akzeptiert wird oder ob sie es nur mehr befürchten, als ungerecht ansehen oder gar aufgeben wollen. Oft ist es ja wirklich nicht einfach, an seinem irdischen Dasein festzuhalten. Das erfordert nicht nur Mut, sondern vor allem auch einen Stützpunkt im Alltag. Das kann eine sinnvolle Tätigkeit sein, eine Aufgabe, die man sich selbst gestellt hat, vor allem aber ein Mensch. Oder auch mehrere Menschen, wenn sie vom eigenen Leben umfaßt werden und wenn man weiß, daß man auch ihretwegen durchhalten sollte.

Es ergab sich, daß ich das Wartezimmer für Bestrahlungstherapie in der onkologischen Abteilung eines großen Prager Krankenhauses nach jahrelanger Pause wieder einmal gründlich, ganze vier Wochen lang, täglich aufsuchen mußte. Jeden Morgen kurz nach neun Uhr.

Als ich das erste Mal hinkam, saß in dem nicht überaus einladenden, aber auch keineswegs abstoßenden Raum eine Gruppe lebhaft schwatzender Frauen mittleren Alters. Ich grüßte, sie nickten mir zu, ließen sich jedoch in ihrer Unterhaltung nicht weiter stören. Nach ein paar Minuten begriff ich, daß sie in dem Spital eine gewisse Zeit miteinander verbracht hatten, wohl in derselben Abteilung, vielleicht in gemeinsamen Zimmern. Sie erinnerten sich an manche komische Episode, schimpften, aber nicht sehr heftig, über vorgekommene Unzulänglichkeiten und waren beinahe zufrieden, hatten sie doch eine unmittelbare Gefahr ganz gut überstanden. Sie machten auf mich den Eindruck, den Kampf um ihre Zukunft gefaßt aufgenommen zu haben.

Mein erster Besuch in diesem Wartezimmer fand an einem ungewöhnlich warmen, beinahe heißen Herbstmorgen statt. Solche Überraschungen bereitet uns die Natur in letzter Zeit ja gern und häufig.

»Mein Kopf verlangt Lüftung«, verkündete plötzlich eine der Patientinnen, hob die Hand und schon wirbelte ihre Perücke durch die Luft. (Postoperative Chemotherapie hat vorübergehenden Haarausfall zur Folge.) Zum Vorschein kamen die neuen, noch ganz kurzen, aber recht dichten Haarstoppeln der Frau.

»Richtig«, ließen sich aus der Runde in der Ecke nahezu fröhliche Stimmen vernehmen, und zwei weitere Perücken landeten gleichfalls vom Kopf im Schoß ihrer Besitzerinnen. Alle lachten. Ich hatte das Gefühl, in gute Gesellschaft geraten zu sein.

»Neu?« rief mir die Frau, die als erste ihren Kopf gelüftet hatte, mit einemmal zu.

»Nicht ganz«, antwortete ich, »sozusagen eine Reprise.«

»Sie wurden schon einmal operiert? Wann?« erkundigte sich eine andere aus der Eckrunde.

»Vor mehr als fünfzig Jahren.«

Da wurde es auf einmal ganz still, weil meine Mitteilung offenbar allen die Sprache verschlug. Aber gleich darauf schwätzten sie wieder los.

»Vor fünfzig Jahren? So etwas gibt es? Und warum sind Sie jetzt hier? Und wieso sehen Sie so gut aus? Ganz jung können Sie ja nicht mehr sein. Na, so was! Das macht einem ja richtig Mut.«

Damit war unsere Bekanntschaft geschlossen. Ich erfuhr an jedem der folgenden Tage etwas aus dem Leben meiner Mitwartenden. Einmal über das kostspielige Studium der Tochter der einen, dann wieder über die belästigende, wenngleich gutgemeinte Ängstlichkeit des Gatten einer anderen.

»Er fürchtet, daß ich umkippe, wenn ich mir einen Schluck Bier gestatte. Aber das Mittagessen für die ganze Familie läßt er mich getrost ohne weiteres kochen.«

Von Zeit zu Zeit ging die Tür zum Bestrahlungsraum auf, und eine von uns wurde zur Behandlung aufgerufen.

Am nächsten Morgen waren wir alle wieder da, begrüßten einander schon als alte Bekannte. So ging es eine ganze Woche lang. Dann saß eines Tages in einer Ecke eine still vor sich auf den Boden starrende Frau. Eine »Neue«. Sie hob den Kopf nicht, man konnte ihr nicht ins Gesicht sehen.

Diese Besetzung des Warteraums wiederholte sich auch in der kommenden Woche. An einem Morgen setzte ich mich neben die Frau in der Ecke. Sie blickte mich nicht an, ließ den Kopf weiter gesenkt.

Am Anfang der nächsten Woche verkündeten mir zwei meiner »alten Bekannten«, ihre Bestrahlung sei zu Ende und sie seien an diesem Morgen zum letzten Mal da. Wir verabschiedeten uns mit Händedruck, flüchtiger Umarmung und einem Haufen guter Wünsche.

Als ich mich nach der Frau in der Ecke umsah, bemerkte ich, daß ihr diesmal Tränen über das Gesicht liefen.

»Was ist los?« fragte ich. »Ist Ihnen übel?«

Sie schüttelte stumm den Kopf. Nach einer Weile hob sie zum ersten Mal ihr mit einem tief in die Stirn gezogenen gehäkelten Hut völlig bedecktes Haupt, blickte mir jetzt sogar ins Gesicht und sagte leise:

»Ich habe Angst, und hier deprimiert mich alles.«

Ich ließ meinen Blick durch den Raum wandern. Weißgetünchte Wände, da und dort mit ganz hübschen bunten Landschaftsbildern verziert, in einer Ecke ein Tischchen mit allerhand Zeitschriften. Künstliche, ausreichend helle Beleuchtung. Ein bescheidenes, keineswegs unfreundliches Wartezimmer.

»Was deprimiert Sie hier so?«

»Alles«, stieß sie hervor. »Daß man in die unterste Etage hinabsteigen muß, dann auch noch der Weg durch den öden langen Korridor und an seinem Ende dieses Zimmer. Alles irgendwie unten, wie auf dem Weg ins Grab.«

»Wir befinden uns hier in einem sehr alten Krankenhaus«, versuchte ich einzuwenden, »und die komplizierten und riesigen, sehr schweren Apparate, mit denen wir bestrahlt werden, benötigen zweifellos einen entsprechenden Raum. Man kann sie wohl kaum irgendwo oben, unter dem Dach, installieren. Die Hauptsache ist doch, daß sie da sind und helfen, und schon weniger wichtig ist, wo sie funktionieren.«

»Das alles ist schrecklich.« Die Frau neben mir beharrte auf ihrer düsteren Einstellung, drückte nur ihren Häkelhut noch ein wenig fester auf den Kopf. Dabei bemerkte ich, daß an seinem Rande dennoch ein paar Haarkringel einer offenbar ganz soliden Perücke zum Vorschein kamen. »Und dabei dauert mein Weg hierher über anderthalb Stunden, und bestrahlt werde ich eine Minute«, klagte die arme Frau weiter.

»Hätten Sie es lieber umgekehrt?« ließ sich in diesem Augenblick zu meiner Überraschung die Stimme eines männlichen Patienten vernehmen, der inzwischen eingetreten war und auf einem Stuhl in unserer Nähe Platz genommen hatte. Bisher hatte dieser gleichfalls tägliche Frequentant des Wartezimmers hier noch nie mit jemandem auch nur ein Wort gewechselt und bestenfalls verdrossen einen Gruß erwidert. Er war ein gutaussehender Mann »in den besten Jahren«, der alle paar Minuten nervös auf seine Armbanduhr schaute und den Eindruck erweckte, irrtümlich in dieses Wartezimmer geraten zu sein. Seine ganze Haltung schien auszudrücken, er habe Wichtigeres zu tun, als hier herumzusitzen. Jetzt aber hatte er zum ersten Mal etwas gesagt.

Die weinende Frau hielt unbeeindruckt an ihrer Depression fest. Ich versuchte ihr noch ein wenig zuzureden, wurde aber nach einigen Minuten zur Behandlung aufgerufen und mußte sie verlassen.

Wie schon erwähnt, vier Wochen lang mußte ich jeden Morgen in dieses Wartezimmer pilgern. Seine Besetzung änderte sich mit der Zeit. Neben der deprimierten Frau und dem ungeduldigen Mann in den besten Jahren fanden sich nun täglich ein ganz fröhlicher, aber schon leicht verwirrter alter Herr in Begleitung seiner etwas jüngeren und resoluten Gattin ein sowie einige ältere Damen. Eine Patientin erschien regelmäßig eskortiert von ihrer nicht mehr ganz jungen Tochter. Diese beiden Frauen waren immer mit mehreren vollbepackten Einkaufstaschen beladen, und ich hätte gern gewußt, was sie jeden Tag in früher Stunde schon eingeholt hatten. Aber nach so etwas kann man sich schließlich nicht aufdringlich erkundigen, und so wechselten wir nur jedesmal ein paar Grußworte. Auch der Mann in den besten Jahren nickte mir nun beim Eintreten in das Wartezimmer an jedem Morgen höflich zu, ehe er sich mit einem prüfenden Blick auf die Armbanduhr auf einen Stuhl setzte oder nervös in einer Ecke aufpflanzte. Allmählich fühlte ich mich hier beinahe ein wenig zu Hause und den Menschen, die ja mit mir das gleiche Schicksal teilten, irgendwie verbunden.

Dann kam ein Morgen, an dem die weinende Frau beim Betreten des Wartezimmers nicht in ihre Ecke, sondern direkt auf mich zusteuerte und dazu auch noch ein halbes Lächeln fertigbrachte. Im

Arm hielt sie eine elegant verschnürte gewaltige Bonbonniere.

»Die ist für Sie«, erklärte sie zu meiner Verblüffung, diesmal sogar ohne Tränen, und versuchte mir den imposanten Karton aufzudrängen.

»Was denn, was denn«, wehrte ich mich, »was ist Ihnen da eingefallen?«

»Sie haben mir sehr geholfen«, beteuerte die Arme und zupfte erregt an ihrem Häkelhut herum, wobei ihre Augenlider nun doch verdächtig zitterten. »Ich war wirklich ganz mutlos, ein bißchen bin ich es noch, aber Sie haben nicht weggeschaut, Sie haben sich neben mich gesetzt. Und so, wenn ich diesmal wirklich das letzte Mal da bin ...« Bei diesen Worten rollten auch schon wieder die Tränen.

»Ich wünsche Ihnen alles Gute«, sagte ich schnell, »aber die Bonbonniere kann ich nicht ...«

Jetzt nahmen die Tränen ganz unaufhaltsam ihren Lauf, die elegante Schachtel landete in meinem Schoß. Was konnte ich tun? Ich versuchte der traurigen Frau wenigstens die Hand zu drücken, aber sie war voll mit ihrem Taschentuch beschäftigt, murmelte noch einmal, daß ich ihr wirklich geholfen hätte (»... weil Sie nicht wegschauten, als ich heulte, sondern sich zu mir setzten.«). Sie zupfte noch ein bißchen an ihren Löckchen, die nun bereits unter dem Hut hervorgucken durften, und ging.

In dem Wartezimmer blickten ihr alle nach. Der alte Herr kicherte leise, der Mann in den besten Jahren machte ein paar ungeduldige Schritte, die beiden Frauen mit den Einkaufstaschen lächelten mir ein wenig verlegen zu.

Als ich das onkologische Wartezimmer bei dieser Behandlung zum ersten Mal betrat, konnte mir wirklich nicht einfallen, daß ich es nach vier Wochen nicht nur erfolgreich bestrahlt, sondern auch noch bereichert um eine wohl kaum verdiente, aber durchaus gutgemeinte Bonbonniere verlassen werde.

Es gibt etwas, dem wir im Laufe des Lebens nicht entweichen können und was mich jedesmal irgendwie belästigt. Wir werden immer wieder ersucht, aufgefordert, mitunter sogar gezwungen, etwas zu unterschreiben. Einmal verlangt es von uns eine Versicherung, deren Angebot wir unterlagen, ein andermal ist es ein Kaufvertrag, ein Reisepaß oder etwa der Hinweis auf das ungebührliche Verhalten unseres Sprößlings während einer Schulstunde. All das muß mit unserer Unterschrift bekräftigt oder zur Kenntnis genommen werden. Bei jedem Postschalter, bei jeder Manipulation mit einem Bankkonto wartet ein gezückter Blaustift (»Bitte deutlich und in Blockschrift«) auf unsere Eintragung oder Unterzeichnung. Im Laufe der Jahre müssen wir noch und noch unterschreiben. Die neue Technik und Technologie bieten nunmehr eine Unzahl von Erleichterungen, übernehmen zahlreiche unserer Verpflichtungen – aber unterschreiben müssen wir weiterhin alles mögliche und immer wieder.

Da ist ein Jawort, das ausgesprochen werden muß, etwas ganz anderes. Das gilt, oder galt zumindest in der Vergangenheit, ein für allemal, ist für das ganze Leben vorgesehen. Es wird auch nicht nur hastig auf einem beliebigen Blatt Papier festgehalten. Die Unterschrift wird in diesem Zusammenhang von einer eindrucksvollen Zeremonie begleitet. Denn dabei muß geheiratet werden, und dieser Schritt ist fürwahr keine Kleinigkeit. Hier kann jemand selbstverständlich einwenden, daß dieses Ereignis im Laufe der Zeit immer häufiger und in ständig ansteigendem Maße im Rahmen einer menschlichen Existenz wiederholt wird. Zugegeben, aber auch das ist schließlich keine Kleinigkeit.

In Kirchen und anderen Gotteshäusern ist der Verlauf einer Eheschließung seit Jahrhunderten Schritt für Schritt festgelegt. Jeder Priester, jeder Rabbiner oder Mullah beherrscht dieses Ritual, weiß genau, was man von ihm erwartet. Bei zivilen Trauungen, verwirklicht durch zivile Behörden, spielt sich das Ganze wesentlich anders ab.

In den Rathäusern, in denen dieser Akt fast überall durchgeführt wird, betritt man meistens erst einmal ein Wartezimmer. Je nachdem, welche Art von Beziehungen die beiden Familien – die der Braut und die des Bräutigams – bereits angeknüpft oder gar gepflegt haben, kann man in dem Warteraum zwei kleinere oder ein größeres Häufchen miteinander ein wenig befangen, nervös und zugleich erwartungsvoll plaudernder Menschen beobachten. Das Brautpaar ist zumeist nicht zu sehen, muß in einem anderen Amtszimmer erst einmal seine Identität unter Beweis stellen und ein entsprechendes Dokument unterschreiben. (Aha! Auch hier wird eine Unterschrift verlangt.) Die beiden Mütter, die von diesem Tag an zugleich auch Schwiegermütter sind, scherzen miteinander, jede hat jedoch schon für die auf sie zukommende Ergriffenheit während der bevorstehenden feierlichen Zeremonie ein Taschentüchlein in Bereitschaft. Die Väter und perspektiven Schwiegerväter bevorzugen eine natürliche oder weltmännisch vorgetäuschte Gelassenheit. Festlich gekleidete Kinder, Geschwister oder sonstwie mit der Braut oder dem Bräutigam verwandt, langweilen sich fürchterlich beim Herumstehen zwischen den Erwachsenen oder sausen, ständig erfolglos ermahnt, in ihrer feierlichen Aufmachung durch den unpersönlichen Warteraum. Endlich ertönen von irgendwo festliche Musikakkorde, ein Raunen geht durch die Menge der Wartenden, Kleider werden glattgestrichen, Krawatten festgezogen. Ein Vater und eine Mutter verlassen eiligst den Raum. Alle anderen blicken in die gleiche Richtung, und dann geht es auch los. Die Braut erscheint am Arm ihres Vaters, den Bräutigam geleitet seine Mutter. Das zermürbende Warten ist zu Ende.

Ich habe nur ein Mal geheiratet, in weiter Ferne von meiner Heimat, in meinem damaligen Asylland Mexiko, und ohne die Assistenz auch nur eines einzigen Verwandten. Auch sonst war dabei alles anders.

An dieser Stelle wurde mein wie immer sehr persönliches und tunlichst das Leben mit seinen Licht- und Schattenseiten umfassendes Erzählen, mit dem ich mich im Juli des Jahres 2005 befaßte, brutal unterbrochen. Und es war ein bestürzender Telefonanruf meiner Tochter, in deren Haus in London ich gerade verweilte und die in der Stadt unterwegs war. Er lautete:

»Seid ihr alle da? Es gibt wieder Bomben, ich bin auf meinem Weg nach Hause.«

Das ereignete sich genau vierzehn Tage nach dem ersten terroristischen Bombenanschlag in der britischen Metropole, der zweiundfünfzig Menschenleben vernichtet und Hunderte Personen zum Teil fatal verletzt hat. Ich stürzte zum Fernsehgerät.

An vier Stellen, an vier verwundbaren Punkten der riesigen Stadt, waren die Mordinstrumente angelegt, die diesmal zum Glück, anscheinend dank einer technischen Unzulänglichkeit, nicht explodierten. Eines der Ziele war die Bus- und U-Bahn-Haltestelle Oval.

Beim Oval, nur einen Häuserblock weiter, verbrachte meine Enkelin ihre ersten Schuljahre. Dort habe ich sie einige Wochen lang jeden Tag am Ende des Unterrichtes abgeholt. Die Gemeindeschule befand sich in einem soliden, schlichten Gebäude, und man wartete auf die Kinder im Korridor vor ihrer Schulklasse. Unter den Müttern, die sich dort einfanden, überwogen in diesem Stadtviertel Frauen schwarzer Hautfarbe.

Warum war gerade der Oval ein Ziel der mörderischen Angriffe? Die U-Bahn-Station befindet sich unter einem Eckhaus. Genau gegenüber steht eine Kirche an der großen Straßenkreuzung. Auf dem kleinen Rasen rings um sie sind einige Grabsteine eines einstigen Friedhofes übriggeblieben. Auf der anderen Straßenseite gibt es eine bescheidene Parkanlage mit ein paar hohen Fliederbüschen und einem schönen Rosenbeet. Hier wimmelt es immer von Menschen. War der Oval vielleicht gerade deshalb ein Ziel der wahnwitzigen Selbstmordbomber?

Die vor ein paar Jahren auf dem Schulkorridor auf ihre Kinder wartenden Frauen waren durchwegs jünger als ich. Nur manchmal erschien noch eine zweite Großmutter, eine Schwarze imposanter Gestalt mit einer buschigen silbergrauen Haarkrone auf dem Kopf. Unter den wenigen Weißen fiel mir ein nervöser, älterer Mann auf. Die meisten Wartenden kannten einander, waren Nachbarinnen in den großen Gemeindehäusern dieses nicht gerade wohlhabenden Stadtviertels.

Das Fernsehen zeigte nun die von der Polizei hermetisch abgesperrte, an den einst nicht weiter bemerkenswerten Schultagen hoch frequentierte und jetzt noch mehr überlastete Verkehrsstraße am Oval. Auch einige vielstöckige Wohnhäuser ringsum mußten evakuiert werden.

Als ich mich damals – vor etlichen Jahren – eines Tages ein wenig verspätete, verspürte ich gleich beim Betreten des Wartekorridors in dem Schulgebäude eine gewisse hier ungewöhnliche Unruhe. Die Frauen bildeten ein paar Grüppchen, und zwischen ihnen bewegte sich torkelnd ein nicht mehr ganz junger Mann weißer Hautfarbe und recht tristen Aussehens. Er schrie und schimpfte pausenlos, warum, konnte ich nicht verstehen.

»Was ist los?« fragte ich eine neben mir stehende junge Mutter.

»Das gibt's nicht zum ersten Mal«, sagte sie. »Der Mann ist der Vater eines Mitschülers meines Buben. Wenn er in so einem Zustand erscheint, will das Kind nicht mit ihm gehen, und dann beginnt erst das richtige Theater. Der Kerl ist ein bekannter Trunkenbold.«

An dem Bombentag wurde vor dem Oval eine Frau mit einem Schock und Herzanfall sofort am Rande des Gehsteigs von der Polizei beschwichtigt und versorgt.

An dem erwähnten, nicht weiter ungewöhnlichen Schultag erklang schließlich die schrille Glocke, und da flog auch schon die Tür, vor der wir warteten, auf, und die Kinder liefen vergnügt in den Korridor. Eine der Frauen bahnte sich zwischen ihnen den Weg ins Klassenzimmer und besprach etwas mit dem jungen Lehrer. Der nahm sofort einen der Schüler an der Hand und betrat mit ihm den Raum vor der Tür. Es folgte ein kleiner Auflauf, der Trunkenbold radaute, der Junge an der Hand seines Lehrers weinte. Dann übernahm ihn eine der schwarzen Mütter und führte ihn gemeinsam mit ihren Söhnen nach Hause.

Der ältere weiße Mann unter den Wartenden nahm einen Knaben mit weitgeöffneten erschrokkenen Augen in Empfang, lächelte dem verstörten und unsicheren Kind liebevoll zu, das seinerseits, wie schon an den vergangenen Tagen, mit einem erleichterten schüchternen Lächeln reagierte. Seine Mitschüler sagten von ihm: »Der ist ein bißchen krank, kann schlecht lesen und nicht rechnen. Aber er tanzt sehr schön. Ist halt ein bißchen komisch, und sein Vater holt ihn immer mit dem Auto ab.«

Das waren die kleinen Tragödien in dem Wartekorridor des Schulgebäudes am Oval vor nun schon vielen Jahren.

Jetzt mußten die meisten U-Bahn-Stationen in der ganzen Stadt wegen der Bombengefahr gesperrt werden. Tausende Menschen in der Millionenmetropole hatten Schwierigkeiten, nach Hause zu kommen. Die Polizei empfahl ihnen, tunlichst bei in der Nähe wohnenden Freunden oder Verwandten zu übernachten. Weitaus nicht alle hatten eine solche Möglichkeit.

Meine kleine Enkelin und ich, wir beide kannten den Oval und seine Umgebung recht gut. Sie meldete mir beim Heimweg ihre jeweiligen Erfolge in der Schule und bekam dafür jedesmal in der Bäckerei an der Oval-Ecke ein Stück von dem schönen Kuchen mit den vielen Rosinen.

Die Bomben wurden, wie schon vermerkt, an jenem Tag in London an vier Stellen hinterlegt. An einer von ihnen, am Oval, habe ich vor Jahren wochenlang mit einer Reihe von schwarzen und weißen Müttern jeden Tag auf Kinder aus der ersten Klasse einer Gemeindeschule gewartet. Aber das wissen und an so etwas denken die fanatischen Mörder nicht.

Diesmal, dieses eine Mal, ist zum Glück nichts Tödliches passiert. Es wurden nur zahllose, nichtsahnende und völlig unschuldige Menschen in bleibende Unsicherheit und Unruhe versetzt. Kann in einem solchen Zusammenhang überhaupt von Glück die Rede sein?

Wir alle wissen, das Leben bleibt nicht stehen. Es kann uns jedoch jäh aus unserer Bahn reißen und eine unvorhersehbare Lage aufzwingen, mit der wir uns auseinandersetzen müssen, um dann wieder zu unserem Alltag zurückkehren zu können.

Und so sei es mir gestattet, den unterbrochenen Faden wieder aufzunehmen und zurückzukehren zum Heiraten in Mexiko. Auch hier mußte zuerst einmal gewartet werden. Zu meiner Verwunderung wimmelte der ziemlich große, ein wenig düstere Vorraum des Magistratsgebäudes unseres Stadtviertels von Ciudad de México, in dem die Trauungen stattfanden, geradezu von Menschen. Jüngere und ältere Paare, letztere sogar in überwiegender Anzahl. Und viele, sehr viele Kinder. Die Kleinen unter ihnen schmiegten sich in der ungewohnten Umgebung ein wenig ängstlich an die Röcke ihrer Mütter. Die Größeren unternahmen Erkundungsexpeditionen durch die unbekannte und somit verlockende Wartehalle.

Ich hätte mich ihnen am liebsten angeschlossen, denn auch für mich war hier alles neu und ein bißchen verblüffend. Was bedeutete allein die Anwesenheit der zahlreichen älteren Paare und der großen Kinderschar mit ihnen? Die hier versammelten

Männer und Frauen sahen keineswegs wie Brautleute aus. Worauf warteten alle die Menschen? Waren sie etwa Gäste einer bevorstehenden großen und bedeutsamen Hochzeit? Nichts deutete darauf hin. Falls sie jedoch in eigener Angelegenheit da waren und aus diesem Anlaß ihre zahlreichen Sprößlinge mitgebracht hatten ... Ich konnte mich unter der wartenden Menschenmenge nicht zurechtfinden.

Schließlich war ich selbst ja auch keine richtige Braut. Kein Schleier, keine weißen Lilien. Ich hatte bloß mein bestes Stück an, ein kleines schwarzes Kostüm. Im Knopfloch der Jacke steckte allerdings eine weiße Kamelie. Die hatte mein künftiger Gatte, Theodor Balk, am Morgen beim Frühstück in unserer Küche etwas verlegen hervorgeholt und mir mit unsicheren Händen angeheftet. Er trug an diesem für uns immerhin ungewöhnlichen Tag seinen einzigen richtigen Anzug und hatte zu dem feierlichen Anlaß auch eine Krawatte umgebunden.

Die Indio-Bräutigame im Warteraum des Magistrats, sofern sie das wirklich waren, steckten durchwegs in ihren üblichen weißen Leinenhemden und -hosen, die Bräute (sie waren doch wohl Bräute?) zumeist in ihren prächtigen bunten Röcken und phantasievoll bestickten Blusen. Sie hatten auch ihren vielfältigen Schmuck um den Hals und in den Ohren, wie man ihn bei ihnen von den Märkten kannte, wo sie Früchte, Gemüse und farbenfreudige Handarbeiten feilboten. Einer schönen jungen Frau hingen als Verzierung winzige, aus Knochen geschnitzte Sensenmännchen von den wohlgeformten Ohrläppchen. Wollte auch sie heute heiraten? Wartete sie mit Mann und Kindern auf die amtliche Bescheinigung eines längst bestehenden Bündnisses? Wartete sie mit Freude oder Bangigkeit? Erhoffte sie etwas von diesem außerordentlichen Schritt, oder wurde er ihr aufgezwungen?

Und die Kinder? Die bildschönen winzigen in den Armen ihrer Mütter und die lebhaft umherschwirrenden Jungen und Mädchen? Hatte man ihnen etwas für diesen Tag versprochen, oder war das Ganze für sie nur eine weitere unverständliche Handlung der Erwachsenen?

»Warum sind diese vielen Menschen hier? Die wollen alle auf einmal heiraten?«

»Das ist ein bißchen anders«, erklärte mir einer unserer Trauzeugen, der hier schon seit Jahren ansässige einstmalige deutsche Geschäftsmann Ernesto Katz. »Wenn sie sich zivil trauen lassen, bekommen sie vom Magistrat sogar eine gewisse Vergütung. Die Behörden haben nämlich ein Interesse daran, vor allem die vielen unehelichen Kinder irgendwie amtlich erfassen zu können. Heute ist offenbar so ein offizieller Hochzeitstag. Wir sollten versuchen, vor der Massentrauung an die Reihe zu kommen, sonst könnten wir hier auch bis zum Abend warten. Sind wir schon vollzählig?«

Das waren wir in dem Augenblick noch nicht. In Mexiko mußten bei einer Eheschließung für jeden der Partner zwei Zeugen die Trauungsurkunde unterzeichnen. Für Balk erschienen kurioserweise zwei Männer gleichen Namens: beide hießen Katz. Sie waren der schon erwähnte Ernesto Katz und unser guter Freund, der Journalist André Simone, dessen bürgerlicher Name Otto Katz lautete.

Hier muß ich abermals vom Fortlauf meiner Erzählung abweichen. Niemand von uns ahnte an jenem heiteren Tag in Mexiko, konnte zum Glück nicht ahnen, daß der weltgewandte, begabte, ruhelose und tatenfreudige Pressemensch André Simone nach der Rückkehr aus dem Exil in seine böhmische Heimat, in der er allerdings nicht die längste Zeit seines Lebens verbrachte, im Jahr 1951 als eines der Opfer der wahnwitzigen stalinistischen »Säuberungsprozesse« einen gewaltsamen Tod finden werde.

Simone war ein Mensch, den seine Freunde mehr anerkannten als liebten, der jedoch auf Frauen mit seinem nimmermüden Tätigkeitsdrang und selbstbewußten Auftreten eine bemerkenswerte Anziehungskraft ausübte. Er war zweimal verheiratet, und es hieß, daß auch die ganz junge und noch nicht berühmte, aber schon sehr schöne Marlene

Dietrich eine Zeitlang mit ihm eng verbunden war. In jener Zeit war er in Berlin an der Leitung des avantgardistischen Theaters Erwin Piscators beteiligt.

In späteren Jahren widmete er sein Interesse und seine pausenlose Aktivität vorrangig dem Kampf gegen den Faschismus. Der Schriftsteller Arthur Koestler erwähnt in seinen Memoiren, daß er im Spanischen Bürgerkrieg seine Befreiung aus der Gefangenschaft unter dem Diktator General Francisco Franco vornehmlich den zähen Bemühungen André Simones verdankte, mit dem ihn keine nähere Freundschaft verband. Aber als er endlich in Paris ankam und aus dem Flugzeug stieg, erwartete ihn dort Simone mit einem Blumenstrauß in der Hand. In dem Augenblick empfand er für ihn zutiefst aufrichtige Dankbarkeit.

Otto Katz-Simone pflegte beinahe leidenschaftlich den Verkehr mit bekannten Persönlichkeiten, mit namhaften Journalisten und führenden Politikern. Das war im Rahmen des internationalen antifaschistischen Engagements lange Zeit sein Vorzug, später dann ein Teil seines Verhängnisses. Aber nur ein Teil. Überwiegend war es die Konstruktion der Anklage wie bei allen anderen schuldlos Ermordeten der berüchtigten Schauprozesse in den bösen fünfziger Jahren.

Meine Trauzeugen waren mein Landsmann und väterlicher Freund Egon Erwin Kisch und mein Vorgesetzter in der diplomatischen Repräsentanz der Londoner tschechoslowakischen Exilregierung, Gesandter Dr. Karel Wendl. Kisch war mit uns gekommen, aber mein Chef fehlte noch. Also mußten wir warten.

»Theo hat sich gestern abend auf der Straße vor unserem Haus die Schuhe blank putzen lassen, Gisl ist heute früh extra bald aufgestanden, um mein Hemd zu bügeln, und bitte, wir sind beide rechtzeitig da. Aber wo steckt unser Diplomat? Hast du ihm genau gesagt, wann und wo wir dich dem Balk ausliefern? Wenn unser Doktor nicht bald kommt, werde ich mich als Zeuge für eine dieser Schönen melden. Warten ist unproduktiv und nicht meine Art.«

»Doktor Wendl kommt bestimmt«, beruhigte ich Kisch, »wir haben auch noch sieben Minuten Zeit.«

»In sieben Tagen hat Gott die Welt erschaffen«, brummte mein Prager Freund.

Da bahnte sich auch schon unser fehlender Zeuge den Weg durch die wartende Menge. Er erschien im feierlichen Gehrock, mit einer silbergrauen Krawatte auf dem schneeweißen Hemd und mit einem riesigen Blumenstrauß aus weißen Rosen und Lilien im Arm. Er entschuldigte sich für die kleine Verspätung, betrachtete mich prüfend und bemerkte erstaunt:

»Sie sind nicht in Weiß? Und nur ein Blümchen? Wie gut, daß ich ...« Und er überreichte mir die üppige Blumenpracht.

Unser Warten war nun zu Ende. In Begleitung der vier Zeugen betraten Balk und ich das an der Wand mit dem mexikanischen Staatswappen (ein Adler mit einer Schlange in den Krallen) und einer mexikanischen Fahne in der Ecke dekorierte Amtszimmer.

Die Zeremonie verlief unsentimental, bürokratisch, kurz und bündig.

»Unterzeichnen Sie hier, por favor«, wurden wir am Ende aufgefordert. Der Beamte langte nach einer Feder, aber in dem Behälter auf dem Tisch war keine. Er stutzte, griff in seine Rocktasche – auch da nichts. Verwundert schüttelte er den Kopf, tastete noch einmal Tischplatte und Rocktasche ab – auch diesmal ergebnislos.

»Señor«, ließ sich mit einemmal Kisch vernehmen, »Sie haben Ihre hintere Hosentasche ausgelassen. Vielleicht finden Sie dort das Gesuchte.«

»Dort kann es nicht sein«, brummte der Beamte verärgert, versuchte es aber doch. Verblüfft holte er die gesuchte Füllfeder hervor.

»Como es possible? Wie ist das möglich?« staunte er. »Dort habe ich das Ding nie hingetan.«

Seine Behauptung war bestimmt richtig. Wovon er freilich nichts wissen konnte, war die außerordentliche Begabung eines der anwesenden Trauzeugen. Der Schriftsteller Kisch war nämlich ein hervorragender und von einem professionellen europäischen Verband offiziell anerkannter Amateur-Zauberer. Im Laufe der Begrüßungszeremonie hatte er, von allen unbemerkt, die Füllfeder des Beamten vom Tisch in seine hintere Hosentasche verlegt. Solch einen kleinen Spaß konnte er sich bei diesem feierlichen Akt nicht versagen.

Als wir das Hochzeitszimmer schließlich verließen, ging eine Bewegung durch die wartende Menge im Vorraum. Würden jetzt endlich sie an die Reihe kommen? Warum hatte man diese Fremden – das erkannte ja jeder auf den ersten Blick –, warum hatte man sie allen anderen vorgezogen? Weil sie nur ein Paar waren? Conchita und ich, wir sind auch nur ein Paar und Miguel mit seiner Carmencita ebenso. Warum haben sie uns alle auf einmal hierher bestellt, die Señores vom Amt, die vorgeben, alles besser zu wissen als wir? Das mußte doch ein Gedränge und langwieriges Warten ergeben. Die Kinder langweilten sich unter den vielen Erwachsenen in dem geschlossenen Raum und hatten das müßige Herumstehen schon herzlich satt. Ein paar von ihnen drängten sich an mich heran, zupften an mir herum, erwarteten zweifellos ein paar Süßigkeiten. Leider hatte ich nichts dergleichen bei mir.

»Hermosas flores«, bemerkte ein ganz winziges, lustiges Geschöpfchen und steckte seine Nase in eine meiner Rosen, »wunderschöne Blumen hast du da, Señora.«

Das rief in mir einen Einfall hervor.

»Gib das deiner mamita«, sagte ich und schob der Kleinen eine der weißen Blüten in die Hand. Sofort umringte mich die ganze Kinderschar. »Mir auch, mir auch«, riefen alle.

Stück für Stück verteilte ich die gesamte Blumenmenge. Im Nu verwandelte sich die öde Halle in einen feierlichen Warteraum und die resigniert wartenden mamitas in leicht verlegen wartende Bräute. Fast jede hielt nun eine weiße Rose oder Lilie in der Hand. Nun lächelten sie ihren Männern zu, strichen den Kindern Kleider und Haare zurecht, blickten erwartungsvoll auf die noch verschlossene Tür des Amtszimmers. Jetzt mußte es doch wirklich losgehen.

»Gracias, Señorita«, sagte eine der Bräute, an die sich ein Junge und zwei kleine Mädchen anschmiegten. Der Junge blickte sie vorwurfsvoll an. Da lachte sie und verbesserte sich: »Gracias, Señora!«

In diesem Augenblick ging die Tür des Hochzeitszimmers von neuem auf. Die wartende Menge setzte sich keineswegs ungeduldig, vielmehr zögernd, vielleicht auch ein bißchen mißtrauisch in

Bewegung. Einige Männer waren, wie ich nun bemerkte, barfuß, andere festlich gekleidet. Die ließen ihre prächtig verzierten Sombreros in dem Warteraum zurück. Eine ältere und eine ganz junge Braut schienen sich an der Blume von mir geradezu festzuhalten.

Das Wartezimmer leerte sich allmählich. Als letzte verließen wir die jetzt ein wenig traurig wirkende menschenlose Wartehalle und traten auf die Straße.

»Hast du noch die Kamelie?« fragte mein Mann.

»Selbstverständlich«, antwortete ich, und damit war unsere Eheschließung beendet.

Reisen ist eine Tätigkeit, die es im menschlichen Leben in verschiedenster Form wohl immer gegeben hat. Zu Pferd, aber auch auf dem Rücken eines Elefanten oder Kamels oder in einer von Sklaven getragenen Sänfte bewegten sich seit eh und je die Mächtigen dieser Welt von Ort zu Ort. Das Fußvolk der Menschheit mußte sich auf seine eigene Kraft verlassen, wanderte tage- und wochenlang, pilgerte bis zur völligen Erschöpfung an reiche Nahrung oder auch ewiges Seelenheil verheißende Plätze der Welt.

Eines Tages wurde das Rad erfunden und in immer schnellerem Tempo immer vollkommenere Transportmittel: die Eisenbahn, Autos, Flugzeuge.

Heutzutage fliegt man in wenigen Stunden von Kontinent zu Kontinent, liebäugelt bereits mit Ausflügen von Planet zu Planet. Reisen wird ständig abenteuerlicher und schneller – aber Warten muß man dabei auch jetzt noch.

Wollte man noch vor gar nicht so fernen Jahren aus der östlichen Region Europas in einen westlichen Teil oder gar in die westliche Hemisphäre nach Übersee reisen, begann man das Warten, das unabwendbare Aufsuchen von Wartezimmern, tunlichst geraume Zeit vor der beabsichtigten Abfahrt oder dem Abflug. In die meisten Länder benötigte der Bürger eines Staates hinter dem Eisernen Vorhang zuerst einmal ein Einreisevisum. Darum mußte man in der diplomatischen Vertretung des betreffenden Staates ansuchen. Überall mußte man bekennen, wann und wo man auf die Welt gekommen ist, warum man gerade in dieses Land reisen will und ob man dort von zahlungsfähigen Menschen erwartet wird. Letzteres konnte entscheidend sein.

Das Konsulat der französischen Republik befindet sich in Prag in einem romantischen Gäßchen auf der Kleinseite. Sein schlauchartiges Wartezimmer war ein wenig düster. Dort wurde man unpersönlich sachlich und korrekt abgefertigt.

Bei den Engländern gab es einen ziemlich freundlichen Warteraum. Auch die Dame, welche die hier gleichfalls unerläßlichen, schon ausgefüllten Fragebogen übernahm, war unbürokratisch liebenswürdig. Und so konnte man unter anderem ohne weiteres erfahren, wie es ihren verschiedenen Katzen bei ihr zu Hause ergeht.

Vor der Botschaft der Bundesrepublik Deutschland wartete man erst einmal in einer Menschenschlange auf der Straße, dann im Vorgarten des Palais. Alles war genau geregelt, allein dem großen Andrang nicht immer gewachsen.

Im Fragebogen der USA-Repräsentanz gab es u. a. folgenden bemerkenswerten Satz: »Sind Sie Mitglied der Kommunistischen Partei, hatten Sie je eine Geschlechtskrankheit?«

Die Wartedauer für die Erledigung des Ansuchens war bei den einzelnen Konsulaten verschieden. Den zweiten Besuch bei ihnen absolvierte man nervös. Niemals konnte man im voraus mit Sicherheit mit dem gewünschten positiven Bescheid rechnen. Auch die Kosten für die Bewilligung der Einreise waren bei den einzelnen Ländern verschieden. Aber darauf war man vorbereitet, nahm diese Hürde im allgemeinen gelassen.

Als glücklicher Besitzer eines Einreisevisums mußte man sich der nächsten Wartephase stellen, mußte um die Ausreisegenehmigung ansuchen. Diesmal bei einer Amtsstelle des Innenministeriums seines eigenen Landes. Abermals gab es einen

Fragebogen zum Ausfüllen. Hier konnte der Zweck der Reise entscheidend sein. Besuch eines Kindes oder Geschwisters? Nicht jeder Beamte hielt das für lebenswichtig.

Und so wartete man wieder einmal. Eine Woche, zwei Wochen, einen Monat. Auf jeden Fall eine beklemmende Zeitspanne. Jeder Mensch hoffte natürlich auf einen guten Ausgang, wollte eine mögliche Enttäuschung nicht zulassen. Doch konnte man nicht umhin zu erfahren: Herrn X. wurde schon zum dritten Mal die Ausreise verweigert. Aber Frau Y. hat auch diesmal den ersehnten Stempel erhalten. War man selbst nun Herrn X. oder Frau Y. näher?

Bei den Behörden gab es keine Wartezimmer. Man mußte sich unter die wartenden Menschen einreihen und rückte mit ihnen Schritt für Schritt zu dem entsprechenden Schalterfenster vor.

Eine der ablehnenden Amtsformeln lautete: Ihre Reise ist nicht im Interesse des Staates. Einmal empörte sich ein Mann vor mir in der Reihe:

»Was soll das heißen? Ich will ja gar nicht im Interesse des Staates reisen. Ich will im eigenen Interesse meine Tochter besuchen, die gerade ihr erstes Kind, meinen ersten Enkel, auf die Welt gebracht hat.«

Der Beamte am Schalterfenster zuckte bloß mit den Achseln, war ein junger Mann, der noch keine

Tochter mit einem Baby haben konnte. »Der nächste«, sagte er ungerührt und legte die Dokumentation des unglücklichen frischgebackenen Großvaters beiseite.

Der nächste war an jenem Tag ein hübsches Mädchen. Auch sie erhielt einen negativen Bescheid und wollte sich nicht widerstandslos abfertigen lassen. »Wieso ist für mich keine Ausreisebewilligung da? Ich bin aus einer durchaus vertrauenswürdigen Familie. Mein Bruder ist aktiver Offizier.«

»Das ist es eben«, bemerkte der Beamte unbeeindruckt. »Sie wollen doch ins feindliche westliche Ausland reisen. – Der nächste!«

Auch diese sonderbare Epoche mit ihren allmächtigen Amtsstellen und unvorhersehbaren Wartezeiten fand eines Tages ihr Ende, mußte einer jäh einsetzenden stürmischen Entwicklung weichen, die das – hoffentlich endgültige – Zuklappen zahlreicher Schalterfenster zur Folge hatte.

Als ich nach diesem Umbruch zum ersten Mal zu einer Auslandsreise aufbrach, kramte ich wiederholt nervös in meiner Handtasche, in der sich nurmehr mein Reisepaß befand. War es möglich, ohne eine Ausreisebewilligung, ein Einreisevisum und eine Zolldeklaration einfach so die Landesgrenze zu passieren? Es war in der Tat möglich und für mich eine aufmunternde und zugleich beruhigende Erfahrung. Reisen kann heutzutage ganz einfach sein.

Kann es das wirklich?

Wartehallen in Flughäfen haben eine ganz eigenartige Atmosphäre. Sie sind groß, sogar sehr groß. Manche bieten einen Ausblick ins Freie, auf die Fläche, auf der dicht gedrängt die riesigen Metallvögel aus aller Herren Länder aus- und vollgeladen, gereinigt und allseitig versorgt werden. Die meisten Warteräumlichkeiten gewähren den abgefertigten Flugpassagieren jedoch nur einen Einblick in das unruhige, in stete Bewegung versetzte Menschengewimmel ringsum. Hier wird das Warten von ständigem Kommen und Gehen belebt. Unberührt davon schlafen in diesen Hallen auch meistens irgendwelche Menschen, die soeben von einem anderen Kontinent angekommen sind und, völlig erschöpft und durch den Zeitunterschied ordentlich durcheinandergebracht, auf ihren Weiterflug warten. Oder auch gerade hier heimat- und obdachlos gestrandet sind. Daneben bewachen Mütter der unterschiedlichsten Hautfarben aufmerksam ihre vielköpfigen Familien, insbesondere die nimmermüden Kinder, damit ihr Haufen zusammenbleibt, bis der Aufruf zum Abflug erlassen wird. Wie Königinnen aus »Tausendundeiner Nacht« schreiten in farbenprächtige Gewänder gehüllte, in Schals und Tücher gewickelte Frauen zwischen Mädchen in minimalen Röckchen und schulterlosen Tops. Beinahe apathisch schlurfen müde Gestalten, die gar nicht wie Flugpassagiere aussehen, durch den unruhigen Raum und greifen hastig nach einem liegengelassenen Sandwich oder irgendwelchen Süßigkeiten. Wer oder was hat diese traurigen Einzelgänger hierhergebracht, und was erwarten sie von einem möglichen neuen Kapitel in einem schwierigen Leben? Man begegnet ihnen in jedem Flughafen ebenso wie lebenssprühenden Gruppen junger Männer und Mädchen, die, völlig unbeeindruckt von den Menschen ringsum, schon hier das Reiseabenteuer auskosten, ihren Spaß miteinander haben und in den nächsten Stunden und Tagen neue Welten erobern wollen.

Auffallend unauffällig bahnen sich überall auch solide Figuren in erstklassig geschneiderten Jacken und Hosen ihren Weg durch die lästige Menge. Das sind die Kapitäne von business und Geld, die auf die Wartesalons der VIP, der sehr wichtigen und also bevorzugten Persönlichkeiten, zusteuern. Was ihnen hinter den Glastüren dieser Enklaven angeboten wird, entzieht sich der Kenntnis schlichter Flugpassagiere.

Ältere Menschen bewegen sich meistens ein wenig ängstlich in der nervösen Atmosphäre, sind sich ihrer Unsicherheit bewußt. Manchmal wird ihre Anwesenheit in diesen Warteräumen sogar als geradezu ungebührlich angesehen. So jemand sollte doch schon lieber zu Hause bleiben! Und wenn man dann noch dazu in vorgerücktem Alter eine Flugreise selbständig, das heißt allein, unternimmt, kann man mit erstaunten Gesichtern, mitunter jedoch auch mit einem anerkennenden Lächeln der Menschen ringsum rechnen. Das kenne ich aus eigener Erfahrung.

Einmal sagte mir eine Kontrollbeamtin im Prager Flughafen Ruzyňe, ehe sie ihren Stempel in meinen Reisepaß drückte:

»Sie fliegen allein?«

»Ja.«

»Na, Sie sind die älteste Passagierin, die ich hier je ganz allein abgefertigt habe.«

»Ist das ein Plus oder ein Minus? Habe ich Ihnen vielleicht zu einem Rekord verholfen?«

Sie blieb mir die Antwort schuldig.

Der Pariser Flughafen Charles de Gaulle zählt zu den neuesten in Europa, ist unheimlich groß, modern, mit allen technischen Schikanen unserer Neuzeit ausgestattet. Je nachdem, an welchem Ende man ankommt oder von welchem man abfliegt, wird man mit einem gläsern wirkenden Züglein an den vorgesehenen Ausgang transportiert. Alles ist automatisch eingerichtet, dennoch muß man sich selbst sozusagen einschalten, damit die technischen Wunder auch klappen.

Als ich mich das letzte Mal aus der französischen

Hauptstadt zur Heimkehr nach Prag zu diesem Flughafen begab, wurde ich von meiner Tochter begleitet. Wir verabschiedeten uns vor einem der zahlreichen Eingänge in den großen Komplex, sie erkundigte sich besorgt, ob ich nicht zu weit nach dem für den Flug nach Prag bestimmten Ausgang werde laufen müssen. Ich beruhigte sie, betrat das Gebäude, und wir winkten einander noch durch die Glaswand zwischen uns zu. In einer Art Zeichensprache deutete ich ihr an, daß ich zum nicht allzu fernen »Gate 22« pilgern mußte.

Das tat ich auch nach der reibungslos absolvierten Sicherheitskontrolle. Dank der Besorgtheit meiner Tochter war ich fast zu bald da, und so installierte ich mich in einem der bequemen Sitze. Der geräumige Warteraum war luftig, ganz hell und sauber. Man merkte, daß das Gebäude noch nicht sehr lang in Betrieb war.

Ich sah mich um, wollte meine künftigen Mitreisenden kennenlernen, die sich allmählich in der Wartehalle einfanden. Es war die mir schon bekannte übliche Zusammensetzung: zahlreiche junge Menschen, ein paar Geschäftsleute, touristische Pilger nach Prag, einige ältere Frauen. Diese setzen sich zumeist aus tschechischen Müttern zusammen, die ihre erwachsenen, im Ausland lebenden Kinder besuchen.

Das Warten in dem nüchternen, aber durchaus

freundlichen Raum war nicht unangenehm und verging verhältnismäßig schnell. Nach knapp einem halben Stündchen wurden wir, die Passagiere von »Gate 22«, aufgerufen, uns zum Abflug bereitzustellen. Meine Heimkehr verlief glatt und problemlos.

Eine Woche verging recht rasch, und ich fand mich allmählich wieder in meinem Alltag zurecht. Ich habe die Gewohnheit, am Morgen aus meinem Postfach unten im Haus die Zeitung hervorzuholen, sie aber nicht gleich zu lesen. Während ich mein Frühstück bereite, höre ich mir die Rundfunksendungen an, erfahre, was sich in der Nacht und im Laufe der letzten Stunden, während ich geschlafen habe, in der Welt abgespielt hat. Nicht immer ist das ein guter Auftakt für den kommenden Tag. Zu oft überwiegen schlimme Nachrichten, drängen einige die wenigen guten in den Hintergrund. Aber an dem Tag, den ich nie vergessen werde, der sich mir ins Gedächtnis eingegraben hat, versetzte mir eine der bösen Meldungen einen harten Schlag. In Paris, hieß es da, ist in dem erst vor relativ kurzer Zeit in Betrieb gesetzten Flughafen Charles de Gaulle, in der Wartehalle für Gate 22, ein Teil der Zimmerdecke hinabgestürzt. Einige Menschen erlitten verschiedene, auch schwere Verletzungen, eine Frau fand den Tod. Sie war offenbar eine Tschechin, aber das mußte noch bestätigt werden.

Ich setzte mit zitternder Hand meine Teetasse ab und sah mich verstört in der Küche, die mein Frühstückszimmer ist, um. Wieso nahm ich es als selbstverständlich hin, daß hier alles so war wie immer? Der Kalender an der Wand, der Blumentopf auf dem Tisch, die elektrische Wasserkanne, die Kissen auf der Polsterbank. Und ich, wie selbstverständlich zurückgekommen und heimgekehrt. Während knapp eine Woche danach in Paris …

Ein Unglück in der angenehmen Wartehalle für Gate 22, in der Menschen auf ihren Abflug nach Prag warten. Vielleicht wurde die getötete Frau gleich mir von ihrer Tochter zur Abreise begleitet. Vielleicht hat sie in Paris ihre große Liebe gesucht und gefunden oder vielleicht eine bittere Enttäuschung erlebt und war glücklich, nach Hause zurückkehren zu können, empfand die Heimkehr als selbstverständlich. Nichts davon verriet die knappe Meldung. Erst etwas später konnte ich mehr erfahren.

Befällt eine Katastrophe einen Bürger unseres Landes fern seines Domizils, obliegt der einheimischen Polizei die schwierige Pflicht, die Angehörigen der betroffenen Familie von dem Unglück, das sie heimgesucht hat, in Kenntnis zu setzen. So auch in diesem Fall. Ich las darüber eine kurze, strikt informativ abgefaßte Notiz, die jedoch in mir erschütternde Vorstellungen hervorrief.

Zwei Männer von der Polizei, einer der älteren

Generation angehörig und mit entsprechenden Erfahrungen, der andere jung und vielleicht zum ersten Mal an einer so heiklen Aufgabe beteiligt, machten sich mit ihrer verhängnisvollen Botschaft auf den Weg. Sie fanden die ihnen angegebene Adresse, verglichen die vermerkte Hausnummer mit der, vor der sie standen, und der ältere drückte auf den Klingelknopf mit dem in ihren Papieren enthaltenen Namen.

Nach einer Weile öffnete sich die Wohnungstür, und auf der Schwelle stand eine Frau. Dem jüngeren Polizeibeamten entging nicht, daß sie recht angenehm aussah, sein älterer Kollege vermerkte besorgt, daß sie ganz ruhig war, keinerlei Erregung zeigte. Sie wußte also noch nichts. Er holte tief Atem, legte zwei Finger an das Schild seiner Uniformkappe, stellte sich und seinen Begleiter vor und sagte:

»Verzeihung, sind Sie Frau Nováková?« (Den Namen habe ich geändert.)

»Ja, das bin ich.«

»Also eine Verwandte. Es tut mir wirklich sehr leid, aber ich bin beauftragt worden, Ihnen mitzuteilen, daß eine Angehörige Ihrer Familie, die gleichfalls hier wohnende Marie Nováková, vor zwei Tagen in Paris bei einem schweren Unglück auf dem Flughafen Charles de Gaulle um ihr Leben gekommen ist.«

Die Frau vor ihm zuckte ein wenig zusammen,

aber wirklich nur ein ganz klein wenig, blickte den Mann mit der katastrophalen Botschaft weiterhin ruhig an und sagte leise:

»Ich bin Marie Nováková und ich lebe.«

Jetzt zuckten die beiden Polizeibeamten zusammen. Ihre Augen glitten prüfend über die Dokumente, die sie in ihren Händen hatten, und nun bemerkte der jüngere:

»Wir haben den Auftrag Ihnen mitzuteilen, daß Marie Nováková ...«

Der ältere unterbrach ihn und fragte sachlich: »Können Sie uns bitte erklären ...«

Die junge Frau im Türrahmen fiel ihm ins Wort: »Vor ungefähr drei Wochen wurde mir mein Reisepaß gestohlen. Ich habe es sofort der Polizei gemeldet. Wahrscheinlich ...«

Sie beendete den Satz nicht, schüttelte nur ratlos den Kopf.

Nicht wahrscheinlich, vielmehr wohl ganz sicher hatte die in Paris verunglückte Person den Reisepaß von Frau Marie Nováková bei sich, er wurde bei ihr gefunden. Aber wer war sie in Wirklichkeit? Sie hat mit dem gestohlenen Dokument drei Paßkontrollen erfolgreich passiert: beim Abflug aus Prag, bei der Ankunft in Paris und dann auch noch für die beabsichtigte Ausreise aus der französischen Hauptstadt, weil sie ja in der Halle bei Gate 22 bereits abgefertigt auf den Abflug wartete.

Wer aber war die Unglückliche? Hatte sie den Paß selbst »entliehen«, oder hatte sie ihn vielleicht von jemandem für einen Wucherpreis erstanden? War der befristete Aufenthalt in Paris, der sie das Leben gekostet hat, für sie lebenswichtig? Wie unerbittlich war das Schicksal dieser unbekannten Frau, von der nur zusätzlich berichtet wurde, daß bei ihr irgend etwas – ein Lippenstift? ein Buch? ein Foto? – aus Kiew gefunden wurde. Hatte sie die Ukraine Hals über Kopf verlassen? Ist sie vor jemandem oder vor etwas geflohen? Oder wollte sie anderswo ein besseres Leben beginnen? Warum aber versuchte sie, mit dem gestohlenen Paß nach Prag zurückzukehren?

Man weiß nichts Näheres von dieser Namenlosen, nur daß sie ein bitteres Ende fand. In der internationalen Wartehalle des Flughafens Charles de Gaulle, bei Gate 22, wo die Passagiere nach Prag versammelt werden und wo ich selbst nur wenige Tage vor dem fatalen Einsturz auf den Abflug gewartet habe und glücklich heimkehren durfte.

Was ist eigentlich Warten? Ein Zustand, in dem man sich befindet, den man nur ungern wählt, der allerdings oft nicht zu umgehen ist? Oder eine Betätigung, von der man sich etwas verspricht, was aber bei weitem nicht immer zutrifft?

In den Jahren des totalitären Regimes mit der

einer völlig anderen Vorstellung entliehenen Bezeichnung »sozialistisch« und dem durchaus unsozialistischen Mangel an allem, was besonders die breiten Schichten der arbeitenden Bevölkerung betraf, kam eine bis dahin nicht bestehende Beschäftigung auf: das Warten in einer Menschenschlange. Das spielte sich etwa so ab:

»Morgen gibt es bei uns Bananen«, verkündete die Verkäuferin im Gemüseladen ihrer Stammkundschaft. »Sie sollen um zehn Uhr früh geliefert werden.«

Nach einer solchen Bekanntmachung trafen die berufstätigen Frauen, also die meisten der Kundinnen, entsprechende Vorkehrungen. Man verabredete sich mit einem Nachbarn oder einer Nachbarin, die bereits im Ruhestand waren, und diese Person erschien dann am nächsten Morgen rechtzeitig in der Schlange der Wartenden vor der betreffenden Ladentür und eroberte einige der verheißenen Bananen. Ein anderes Mal konnte es ein besonders beliebtes Waschmittel sein oder gar eine Garnitur Kinderwäsche, hundertprozentig aus reiner Baumwolle, die auf diese Weise erstanden werden konnte. Ohne eine solche Aushilfe hatten in Arbeit befindliche Frauen kaum eine Chance, an eine Mangelware heranzukommen, denn unternehmungslustige Rentner bummelten durch die Stadt, und wo sie eine Warteschlange antrafen, reihten sie sich sofort ein, oft auch ohne sich vorher zu erkundigen, was hier zu haben war. Sie wußten nämlich, daß sie für jede Art selten angebotener Produkte dankbare Abnehmer finden würden.

Ein derartiger »Freundschaftsdienst« wurde natürlich in entsprechender Form belohnt, und so entstand im Laufe der Zeit ein neuer, sogar recht anziehender »freier Beruf«: die Schlangewartenden. Für diese Betätigung, die wirklich beliebt und dazu durchaus steuerfrei war, gab es begreiflicherweise keine Warteräume. Man stand geduldig im Freien, auch bei Regen, bei Frost oder in schwüler Sommerhitze. Schließlich konnte man in der Menschenschlange meistens auch etwas »garantiert Verläßliches« über bevorstehende politische Maßnahmen oder auch aus dem Privatleben bekannter Persönlichkeiten erfahren. Somit war das Warten in solch einer Schlange auch eine ganz attraktive Unterbrechung im eintönigen Rentnerdasein.

In jener Gott sei Dank endgültig verabschiedeten Epoche ergab sich noch eine weitere spezifische Warteaktivität, die sich in durchaus neuen Formen abspielte. Da konnte man zum Beispiel vor dem Reisebüro des offiziellen Jugendverbandes in frühester Morgenstunde oder gar schon um Mitternacht junge Menschen mit Schlafsäcken antreffen, die sich auf dem Gehsteig zur Nachtruhe installierten. Andere brachten etwa nur Klappstühlchen mit.

Auf diese Weise entstand eine bunte, oft ausgelassen lärmende, manchmal auch heftig gegen polizeiliche Belästigung protestierende, entschlossene Wartemenge von Jungen und Mädchen, die wußten, daß es nur bei dieser Institution eine beschränkte Anzahl von Reisemöglichkeiten ins Ausland gab, und die alles daransetzten, eine davon zu ergattern. Dafür konnte man schon ein paar Schlafstunden opfern.

Einmal habe ich in späterer Morgenstunde, zwischen neun und halb zehn Uhr, eine der Wartenden angesprochen, vor der noch gut zehn bis zwölf Menschen in der Schlange standen. Ich versuchte es, indem ich ihr ein Käsebrötchen anbot.

»Schauen Sie, mir ist dieses Stück übriggeblieben«, sagte ich, mein überraschendes Angebot notdürftig erklärend. »Sie haben gewiß schon Hunger in dieser langen Schlange. Tun Sie mir den Gefallen, und frühstücken Sie auf meine Gesundheit. Was ist Ihr Reiseziel?«

Die Angesprochene, ein gutgewachsenes Mädchen mit kurzgeschnittenem braunem Haar und lustigen braunen Augen, nahm das Brötchen, ohne zu zögern, offensichtlich ganz gern an und fragte erst nach dem zweiten Bissen mit vollem Mund:

»Warum tun Sie das? Sind Sie von einer Zeitung?«

»Nein«, antwortete ich, »das war einmal, ist

längst vorbei. Jetzt bin ich nur ganz privat neugierig. Sie sind Studentin oder schon irgendwo angestellt?«

Sie studierte Geschichte, wollte Historikerin werden. Auf meine Frage, wie lange sie bereits in dieser Schlange stand, erfuhr ich: seit vier Uhr früh.

»Da hätte ich Ihnen lieber Kaffee bringen sollen«, meinte ich.

Den habe sie selbst in einer Flasche bei sich gehabt und inzwischen auch ausgetrunken.

»Sie waren in einer Zeitungsredaktion beschäftigt?« wurde nun ich befragt. »In welcher denn?«

»In keiner. Ich habe nur für Zeitschriften gearbeitet.« Dann stellte ich mich vor.

»Ich heiße Olga«, sagte das Mädchen und rückte mit seinem kleinen Rucksack etwa anderthalb Meter vor. »Können Sie verstehen, daß ich endlich einmal ausreisen möchte?«

Und ob ich das verstehen konnte! »Und wohin?« wollte ich wissen.

»Nach Griechenland, aber das gibt es in diesem Jahr kaum. Also hoffentlich nach Frankreich. Dort waren Sie sicher schon«, meinte sie und maß mich mit einem abwägenden Blick.

»So sicher war das bei mir wieder nicht. Aber in Frankreich habe ich eine gewisse Zeit sogar gelebt. Während des Krieges, als Emigrantin.«

Jetzt wurde Olga offensichtlich interessiert.

»Aha«, sagte sie, »und deshalb das Käsebrötchen für mich.«

»Wieso?« Ich mußte lachen.

Sie blickte mich von neuem, beinahe prüfend an, warf einen Blick auf den Jungen vor sich und das Mädchen hinter sich und erklärte dann leise:

»Mein Vater war auch in Frankreich und vorher in Spanien, in der tschechoslowakischen Internationalen Brigade. Den Krieg hat er in der französischen Résistance überlebt und ist dann mit meiner Mutter, die Spanierin ist, zurückgekommen.«

Dabei seufzte sie ein wenig und machte eine unsichere Handbewegung.

»Ist es ihm nach dem Krieg zu Hause schlecht ergangen?« fragte nun auch ich leise. »Vielen Interbrigadisten ist das in den fünfziger Jahren passiert. Mein Mann war in Spanien Arzt der französischen Brigade. Aber eingesperrt haben sie mich.«

Olga riß ihre lustigen braunen Augen auf.

»Na, so was! Also deshalb das Käsebrötchen. Und ich studiere Geschichte, denn ich möchte wissen …«

In diesem Augenblick mußte sie ein ordentliches Stück, bis fast vor den Eingang in das Reisebüro, vorrücken.

»… weil ich das alles wirklich genau wissen möchte«, rief sie mir noch zu und stand schon vor der Tür. Ihr mehrstündiges Warten fand sein Ende.

Wir winkten einander schnell zu, dann verließ ich die noch recht lange Menschenschlange.

Ob diese Olga ihre erste Auslandsreise in Griechenland oder »hoffentlich« in Frankreich verbringen konnte, habe ich nie erfahren, bin jedoch sicher, daß sie sie auf jeden Fall voll zu genießen verstanden hätte.

Solche Warteschlangen gibt es nun wohl nicht mehr oder nur ganz selten und anderer Art. Mußten früher wir auf die Bewilligung einer Auslandsreise warten, geht dies nunmehr sozusagen umgekehrt vor sich. In verschiedenen Ländern, auch in meiner Heimat, warten jetzt Ausländer, oft massenhaft, auf eine Aufenthaltsbewilligung im gewählten Gastland oder auf einen anderen amtlichen Stempel. Die haben weiterhin ihre Machtposition im Leben der Bürger. Ich höre, daß die Erledigung einer solchen Amtshandlung auch jetzt noch eine Wartezeit von mehreren Stunden in Anspruch nehmen kann.

Warteräume solcher Institutionen sind, Gott weiß warum, meistens Korridore. Und meistens ein wenig düster. Oder vielleicht kommt es einem hier nur so vor. Als ich das letzte Mal eine derartige Erfahrung machte, benötigte ich einen Stempel, der wieder einmal bekräftigen mußte, daß ich in der Tat ich bin.

Es war ein längliches niedriges Gebäude in einem

Randviertel der Stadt, in dem sich das Amt befand, das für diese Bescheinigung in meinem Papier zuständig war. Ich öffnete das ziemlich schwere Haustor, hatte etwas wie einen ganz kleinen Vorraum vor mir und betrat einen nicht gerade übermäßig beleuchteten Korridor mit sehr vielen Türen an beiden Seiten. Jede war mit einem weißen Zettel versehen, auf dem ein Name angeschrieben stand und eine Nummer. Ratlos sah ich mich um, weil ich nicht wußte, welche Tür mit welcher Nummer die für mich zuständige war.

»Suchen Sie etwas?« erklang es auf einmal hinter mir. Ohne daß ich es bemerkt hätte, war eine der zahlreichen Türen aufgegangen, und auf der Schwelle stand eine junge Frauensperson. Ihre Frage hatte, wie mir schien, einen ungeduldigen, wenn nicht gar abweisenden Unterton, obwohl ich ja noch gar nichts verlangt hatte und in der Stille und Leere ringsum keine fieberhafte Aktivität zu bemerken war.

»Ich soll hier eine Bescheinigung meiner Widerstandstätigkeit während der deutschen Okkupation unseres Landes vorlegen und eine Beglaubigung des Dokumentes erhalten.«

»Das ist in Nummer 316«, sagte die Stimme auf der Schwelle. Dabei machte die Frau kehrt und verschwand. Ich war von neuem allein.

Der Wartekorridor war menschenleer und an seinen beiden Seiten die streng geschlossenen und so gar nicht einladenden Türen. Hinter mancher hörte ich ein Summen oder Klappern, kaum eine menschliche Stimme. Das Ganze war ein bißchen unheimlich, und mich beschlich ein dummes Angstgefühl, in dem aber gleichzeitig schon der erste Tropfen Unwillens aufkam. Ich befand mich doch in einer Einrichtung für die Bürger des Landes, von denen ich einer war. Man hatte mich eingeladen (vorgeladen?), und ich war gekommen. Also was!

Aber die vielen Türen links und rechts, vor und hinter mir. Könnte es nicht geschehen, daß sich eine plötzlich öffnet und mich verschluckt? Da fiel mir auf einmal ein: Hier könnte sich eine Erzählung Franz Kafkas abspielen. Dieser Gedanke beruhigte mich, und mit einer solchen Vorstellung war ich auch nicht mehr so ganz allein in dem leblosen Gebäude.

Der Raum, in dem ich mich befand, war jedoch ebenso abweisend wie die einzige Stimme, die ich hier bislang vernommen hatte. Kein Bild schmückte die kahle Wand vor und hinter mir, geschweige denn eine Pflanze, die den Korridor freundlicher gestaltet hätte. Nur da und dort unterbrach eine Bekanntmachung auf weißem Papier das eintönige Graugelb. Ich las einen dieser Texte, war nicht imstande zu verstehen, worum es ging, hatte nur die beruhigende Gewißheit, daß dieses bürokratische

Kauderwelsch keineswegs für mich bestimmt sein konnte.

Ich weiß nicht mehr, an wie vielen Türen ich vorbeimarschierte, ehe ich glücklich vor der Nummer 316 landete.

Hier angekommen, holte ich tief Atem und klopfte an. Nichts geschah, kein Laut ließ sich vernehmen. Ich wartete ein paar Minuten und klopfte dann von neuem an. Abermals nichts. War ich am richtigen Ort? Vor mir und hinter mir keine Menschenseele, was doch in einem amtlichen Warteraum ungewöhnlich ist. Ich kramte aus meiner Handtasche die Vorladung hervor. Das Datum, die Adresse stimmten, und jetzt bemerkte ich sogar, ganz unten auf dem Papier und ganz winzig, in einer Ecke die Nummer 316. Das jagte mir noch nachträglich einen Schrecken ein. Ich hätte ja nach gar nichts fragen sollen, hätte doch wissen müssen, wo ich mich einzufinden hatte. Um der kuriosen Lage ein Ende zu setzen, klopfte ich entschlossen von neuem, und diesmal ziemlich energisch, an, drückte die Türklinke hinunter und betrat ein kleines Büro.

Hinter einem Schreibtisch saß eine Frau unbestimmten Alters vor ihrem Computer. Vor ihr, genauer vor dem Schreibtisch, stand ein junger Mann.

»Was soll das heißen?« rief die Frau mit eiskalter und eisharter Stimme. »Sehen Sie nicht, daß ich mit jemandem verhandle?«

»Das habe ich hinter der geschlossenen Tür in der Tat nicht gesehen«, bemerkte ich ruhig und nun auch schon ein bißchen belustigt.

Die Frau vor ihrem Computer starrte mich überrascht an und empfahl mir mit ihrer eisharten Stimme:

»Warten Sie draußen!«

Ich landete erneut in dem menschenleeren Wartekorridor, aber meine Bangigkeit war verflogen. Was ist los? redete ich mir im Geist zu. Warten, eingepreßt in einer Menschenschlange, wäre dir lieber? Hier kannst du dich wenigstens frei bewegen.

Nach etwa zehn Minuten öffnete sich die Tür von Nummer 316, der junge Mann kam mit verschiedenen Papieren in der Hand heraus, und vom Schreibtisch in dem Büro erklang die Aufforderung:

»Sie dort draußen! Also bitte, ich warte!«

Jetzt wartete sie. Da hätte ich beinahe noch ein wenig gezögert. In Wirklichkeit schoß ich jedoch erleichtert in die Amtsstube, steuerte auf den Stuhl neben dem Schreibtisch zu, ließ mich auf ihm unaufgefordert nieder und grüßte fröhlich:

»Guten Tag! Schön, daß Sie jetzt Zeit für mich haben.«

Die Frau betrachtete mich verblüfft. Dann vollzog sich eine auffallende Veränderung in ihrem Gesicht. Die amtliche Starrheit taute merklich auf, ich stellte sogar den Anflug eines verlegenen Lächelns fest, als sie nun ganz höflich fragte:

»Guten Tag. Was kann ich für Sie tun?«

Wir erledigten meine ganze Angelegenheit in wenigen Minuten und wünschten einander am Ende beste Gesundheit und andere menschenfreundliche Empfehlungen.

Als ich aus dem Büro hinaustrat, erklang es hinter mir:

»Ist dort noch jemand? Der nächste! Kommen Sie weiter!«

Aber niemand kam. Der Wartekorridor war weiterhin menschenleer, für mich jedoch nicht mehr bedrohlich, nur ein bißchen rätselhaft mit den vielen Türen, hinter denen es so merkwürdig still war und von denen in dieser Stille manche vielleicht überflüssig vorhanden sind. Aber davon verstehe ich nichts, und als ich wieder auf der Straße stand, auf der unschönen peripheren Durchgangsverbindung, atmete ich auf. Zugleich war ich auch beinahe ein bißchen traurig nach dem Besuch in dem einsamen Amt. Vor allem aber froh und zufrieden, meine Angelegenheit mühelos und letzten Endes sogar recht geschwind erledigt zu haben.

Ganz besonderer Art und schwer zu fassen sind die Warteminuten vor einem öffentlichen Auftreten. Meistens spielt sich das ungefähr so ab: Man kommt in das Gebäude, in dem die Lesung, der Vortrag, die Diskussion stattfinden soll, und wird zuerst einmal in einem Büro oder im Arbeitszimmer eines der Veranstalter verstaut, jenseits der Blicke oder gar der Beobachtung des bereits allmählich eintreffenden Publikums. In dem vorübergehend zum Wartezimmer erhobenen Raum findet dann ein freundliches Empfangsgespräch statt. Man wird versichert, daß das Interesse für die Veranstaltung sehr bemerkenswert ist und die Erwartungen der Menschen geradezu überraschend sind. Solche Eröffnungen rufen bei der Person, die auf ihren Auftritt wartet, selbstverständlich eine gewisse Erregung hervor.

Manche Menschen, besonders solche, die noch nicht oft vor einem Publikum das Wort erfassen durften, befällt Lampenfieber. Ihr Herz wird unruhig, der Blutdruck steigt, auch in den Innereien beginnt es zu rumpeln. Durst stellt sich ein, die Hände beginnen peinlich zu zittern – ein Zustand, der keineswegs beneidenswert ist.

Ganz anders verlaufen solche Minuten vor einer Theateraufführung hinter der Bühne, in den Garderoben der Schauspieler. Hier bildet ja öffentliches Auftreten den Inhalt des Berufes dieser Menschen, ist ihre tägliche Erfahrung, die Kunst, die sie beherrschen. Allerdings: die Bezeichnung dieses unausweichlich nervös gespannten Zustandes als Lampenfieber kommt ja wohl aus der Theaterwelt.

Ich hatte das besondere Vergnügen, in den, man kann wohl zu Recht sagen dramatischen, von unheilvollen Krisen geschüttelten dreißiger Jahren des knapp vergangenen Jahrhunderts einige Male von Prag zu einem Kurzbesuch nach Zürich zu kommen, wo damals das Schauspielhaus eine Reihe hervorragender Schauspieler im Engagement hatte, die vor der Nazidiktatur in die Schweiz geflohen waren. Mit manchen war ich befreundet, so zum Beispiel mit Wolfgang Langhoff und Gerhard Hinze – beide weilten eine Zeitlang in Prag –, mit Erwin Parker, Wolfgang Heinz und anderen. Von weitem und aus der Nähe bewunderte ich die große Therese Giehse.

Die beiden Wolfgang waren in einer gemeinsamen Garderobe untergebracht. Ich durfte – vielleicht weil ich so jung war, mit einer antifaschistischen Mission nach Zürich kam und von allen ein wenig beschirmt wurde – in der Garderobe der beiden auf den Beginn der Vorstellung warten. Einmal stand ich dort so herum, ich glaube es war vor der Aufführung von »Don Carlos«, Langhoff spielte den Marquis Posa. Ich schwatzte mit dem Marquis. Auf dem Schminktisch vor dem großen Spiegel lag unter einer Menge verschiedener Kleinigkeiten eine geschälte, sorgfältig in einzelne Teilchen zerlegte Apfelsine auf einem Tellerchen. Ohne nachzudenken, schob ich mir ein Scheibchen und dann noch eins und noch eins in den Mund. »Anstandshalber« ließ ich die beiden letzten auf dem kleinen Teller liegen. Dann begab ich mich auf meinen Platz im Zuschauerraum und genoß die großartige Vorstellung.

Erst nach dem Ende der Aufführung erfuhr ich, was ich angerichtet hatte. Wolfgang Heinz war außer sich, als er feststellte, daß seine zerlegte Orange nicht mehr da war. Die brauchte er unbedingt vor seinem ersten Auftritt, damit überbrückte er die Warteminuten vor dem Abgang auf die Bühne. Wie sollte er nun ...

Alles fand diesmal ein gutes Ende. Er war hervorragend wie immer und nahm auch in später Stunde meine aufgeregt gestotterte Entschuldigung im Stammlokal der Schauspieler, dem »Hinteren Pfauen«, großzügig und sehr liebenswürdig zur Kenntnis.

Damals war ich, wie schon bemerkt, sehr jung. Heute, aus der Perspektive meines beträchtlich fortgeschrittenen Alters, weiß ich und verstehe auch, daß gerade solche Kleinigkeiten beim Warten auf eine anspruchsvolle Leistung durchaus wichtige Stützpunkte sein können.

Bei mir vergehen die Minuten vor einem öffentlichen Auftreten so, daß ich jedesmal gespannt beinahe auf ein neues Abenteuer warte. Wer sind die Menschen, die etwas von mir hören wollen? Werden wir einander verstehen? Mit welchen Erwartungen sind sie gekommen? Werde ich sie nicht enttäuschen, werden sie von diesem Abend etwas für sich, für ihr eigenes Leben mit nach Hause nehmen können?

Mit solchen Gefühlen klettere ich dann am Ende der Wartezeit auf die Bühne, hole tief Atem und betrachte während der Einführungsworte des Veranstalters die Menschen in den Reihen vor mir, versuche in ihren Gesichtern eine Antwort auf meine unausgesprochenen Fragen zu lesen. Und wenn dann alles gut ausgeht, wenn ich von einer warmen Welle gegenseitigen Verständnisses erfaßt werde, fühle ich mich gestärkt und erleichtert, auch angenehm ermüdet und habe Mut, vielleicht noch weiterhin etwas zu unternehmen. Schreiben ist eine beglückende Tätigkeit; mit seinen Mitmenschen Kontakt zu halten eine besondere Beglückung.

Wenn ich annehmen kann, daß gemeinsame Stunden mit meinen Zuhörern ein gegenseitiges Geben und Nehmen waren, dann wage ich ganz still und ganz leise an einem nicht näher zu bezeichnenden Fleckchen in mir zu hoffen, daß auch meine Leser von solch einem Zusammensein ein gutes Gefühl mit nach Hause nehmen können.

In unserer technisch unaufhaltsam vorwärtseilenden Neuzeit gibt es ein Medium, dessen Ausstrahlung, vielleicht besser gesagt dessen Reichweite, so scheint es mir, alle anderen Publikationsinstrumente überragt und in den Schatten stellt. Es zählt zu den jüngeren, wiewohl nicht mehr ganz jungen Errungenschaften und spricht Menschen aller Altersstufen und an allen Ecken und Enden der Welt mit einzigartiger Intensität an: das Fernsehen.

Wird man von dieser Institution zu einer Mitarbeit, und sei es nur zu einer ganz kurze Minuten zählenden Mitwirkung an einem Programm, eingeladen, muß man auch hier vor dem Beginn der Aufnahme erst einmal mit einer gewissen Wartezeit zurechtkommen. Aber schon diese Vorstufe kann, wenn man seine Augen und Ohren offenhält, ein recht interessantes Erlebnis sein. Mir ergeht es jedenfalls so, wenn ich manchmal zur Teilnahme an einer dokumentarischen Sendung verpflichtet werde.

Da wird man in Prag, ist man vorgerückten Alters, höflich von einem »Fernsehauto« abgeholt und auf den Dohlenberg (Kavčí hory) gebracht, wo sich das imposante moderne Fernsehgebäude befindet. Der Wagen und sein Fahrer sind völlig unauffällig. Keine Aufschrift, kein besonderes Zeichen verrät, wer der Besitzer dieses Transportmittels ist. Dennoch bemächtigt sich meiner bereits unterwegs ein beinahe feierliches Gefühl: Man gibt mir die Möglichkeit, etwas im Fernsehen zu sagen, und schrecklich viele Menschen werden es hören. Und da setzt auch schon die Kombination von Herzklopfen und Vorfreude ein. Die erste Phase des Wartens.

Am Ziel angelangt, wird man hinter der breiten Eingangstür aus Glas oder einem glasartigen Kunststoff von einem Mitarbeiter des Fernsehens erwartet, dessen Aufgabe es ist, den Gast durch die verschiedenartigen Sicherheitskontrollen durchzuschleusen. Ist das erledigt, muß man erst einmal warten. Zum Beispiel in einem gerade leerstehenden langweiligen Büro oder – und das sagt mir zu – in einer Halle, die zwar nicht gerade einladend, dafür aber allseitig belebt ist.

Über den Boden schlängeln sich hier Kabel verschiedener Farben. Manche überkreuzen einander, andere sind ein bißchen eingerollt, vielleicht schon ermüdet von allzu langem Warten.

Aber Kabel warten nicht, die sind für eine ganz genau festgelegte Funktion bestimmt. Und auf meinem Stuhl in der improvisierten Wartehalle bestimme ich: das sonnengelbe Schlauchtier zu meinen Füßen betreut die Kindersendung, das blaue sorgt für die Nachrichten, das grüne für ökologische Programme und die rote Kabelschlange sichert selbstverständlich die Erotik im Äther.

An diesem Punkt meiner konstruktiven Erwägungen schlug plötzlich in meiner Nähe etwas dumpf auf. Ich fuhr zusammen, aber da raffte sich die Redakteurin, die mich holen gekommen und über das erste Kabel gestolpert war, schon wieder auf, war in Ordnung, nur mit einem blauen Fleck am Arm belastet.

»Sie müssen leider noch eine Weile warten«, sagte sie und setzte mich in einen anderen Raum. Hier gab es an der Wand einen sehr großen Spiegel, und auf einer Tischplatte unter ihm war eine beträchtliche Anzahl von Tiegeln, Fläschchen und allerhand Behältern angeordnet. Eine Monsterkollektion kosmetischer Wundermittel. Aber noch ehe ich diese imponierende Ausstattung näher betrachten konnte, erschien eine jüngere Frau in der Tür, grüßte freundlich und erklärte:

»Jetzt machen wir Sie noch ein bißchen schöner.«

»Schöner? Für ein Kurzgespräch? Ich möchte auf keinen Fall wie eine mißratene Kosmetikreklame aussehen.«

Die Frau lachte. »Keine Angst«, beruhigte sie mich, »auch Politiker werden bei uns ein bißchen aufgefrischt. Ich werde nur ein ganz klein wenig um Ihre Nase herumpudern und den Mund ein bißchen nachziehen. Ihr Augen können wir so lassen, wie sie sind, und das ist alles.«

Mit einer solchen Behandlung habe ich, weiß Gott, noch nie und nirgends eine Wartezeit verbracht. Hier war eben alles professionelle Routine und für mich neuartig. Ich setzte mich vor den Spiegel, wurde in wenigen Minuten, so gut es ging, verschönt, dann verabschiedete sich die nette Frau und überließ mich von neuem meinem Warten. Zum Glück dauerte es nun nicht mehr lange, bald tauchte die Redakteurin mit dem blauen Fleck am Arm, diesmal jedoch ohne jeden Zwischenfall, wieder auf und erklärte, wir könnten bereits in das Studio gehen.

»Wie heißt eigentlich die Sendung, in der Sie mich haben wollen?«

»Häusliches Glück.«

Ich blieb stehen. »Aber am Telefon sagten Sie doch, ich sollte über das Geschehen in den dreißiger Jahren und über die Menschen in jener turbulenten Zeit des knapp vergangenen Jahrhunderts sprechen. Ich fürchte, häusliches Glück ist nicht das richtige Thema für mich.«

»Machen Sie sich keine Sorgen«, beruhigte mich die liebe Dame. »Das ist ein gut eingeführter Titel, hat seit Jahren sein festes Publikum, und wir können in diesem Rahmen die verschiedenartigsten Themen erörtern.«

Inzwischen landeten wir in dem Studio, das ein wenig wie ein Biedermeiersalon eingerichtet war. Nicht schlecht, dachte ich, hier könnte ganz gut häusliches Glück herrschen. Allerdings ohne die zahlreichen Kameras, Scheinwerfer und Tongeräte, die auf uns gerichtet waren.

Ich wurde aufgefordert, an einem Tischchen mit zwei zierlichen, stilgerechten Stühlchen Platz zu nehmen. Die Redakteurin setzte sich neben mich. Vor uns, auf der runden Tischplatte, standen zwei niedliche kleine Kaffeetassen. Erfreut langte ich nach einer, war von der öden Wartezeit schon ein bißchen ermüdet.

»Die Tasse ist leer«, rief ich enttäuscht, »wo bleibt der Kaffee?«

Unter den Kameraleuten setzte allgemein belustigtes Lachen ein. Die Redakteurin legte mir beruhigend ihr molliges Händchen auf den Arm.

»Das sind ja bloß Requisiten«, erklärte sie mir nachsichtig.

»Klar«, sagte ich, »aber ich hätte ganz gern auch ein bißchen Requisitenkaffee. Den brauche ich einfach zu meinem häuslichen Glück.«

In fünf Minuten dampfte das heiße Getränk in unseren beiden Tassen, offensichtlich zum ersten Mal im Rahmen des auf häusliches Wohlbehagen eingestellten Programms. Was ich dabei über die dreißiger Jahre meines Jahrhunderts und seine Menschen erzählen konnte, war dann nicht gerade friedlich, aber auch nicht nur schlimm.

Als wir fertig waren, wurde ich gebeten, mich abermals ein wenig in der Wartehalle mit den farbigen Kabelschlangen zu installieren. Es mußten noch die unerläßlichen Formalitäten – Unterzeichnung des Vertrags et cetera – erledigt werden. Ich ließ mich auf einem der dort herumstehenden, ganz bequemen gepolsterten Stühle nieder.

Plötzlich fiel ein starker Lichtstrahl in den fensterlosen Raum. Eine Tür war aufgegangen, und dabei war blitzschnell die Sonne eingedrungen. Aber nicht nur die liebe Sonne. Durch die Tür drängte sich eine bunt zusammengewürfelte kleinere Menschenmenge, etwa 25 bis 30 Personen. Ältere Frauen und Männer, Jugendliche, sogar einige Kinder. Ich überlegte: Komparsen für eine Aufnahme? Die Menschen blieben jedoch verschüchtert stehen, blickten aber zugleich neugierig und, wie mir schien, beinahe ein wenig respektvoll in den etwas düsteren Raum. Und da stellte sich auch schon ein junger Mann vor sie, den ich als den Sprecher des Fernsehens erkannte. Halblaut erzählte er ihnen etwas und forderte sie dann auf, mit ihm weiterzugehen. Als die Menschen an mir vorbeikamen, betrachteten sie mich ebenso interessiert wie die zahlreichen Scheinwerfer an der Decke und die farbigen Kabelschlangen zu meinen Füßen.

»Wer sind diese Leute?« fragte ich meine Redakteurin, die mich in diesem Augenblick holen kam.

»Das sind Gewinner eines unserer Wettbewerbe, die einen Rundgang durch das Fernsehgebäude und vor allem durch die verschiedenen Studios gewonnen haben. Die Menschen lieben es, so ein bißchen in die Geheimnisse des Fernsehens eindringen zu können.«

In die Geheimnisse des Fernsehens. Dieser Satz klang in mir während der ganzen Heimfahrt nach. Da schwirrt man als gelegentlicher Gast durch den Fernsehbetrieb, findet dort allerhand ganz bemerkenswert und interessant, manches vielleicht auch nicht vollauf in Ordnung und wartet auf seinen Auftritt. Dann wartet man auf die erste Frage und bemüht sich, informativ, möglichst aufschlußreich und tunlichst aufrichtig zu sein, den unbekannten Zuschauern und Zuhörern in ihren unbekannten Wohnungen etwas zu sagen, das bei manchem vielleicht hängenbleiben könnte. Bei dieser Überlegung sah ich wieder die wißbegierigen Augen der bunt zusammengewürfelten Besucherschar im Fernsehgebäude vor mir. In geradezu greifbarer Form empfand ich dabei den Druck der Verantwortung, wenn man nach längerem Warten schließlich ein Mikrophon vor oder irgendwo an sich hat mit der Möglichkeit, eine vielleicht große Menge von Menschen ansprechen zu können. Das Geheimnis des Fernsehens ist ja gerade, daß es in ungezählte Wohnzimmer eindringt und von einer unübersehbaren Anzahl von Zuschauern aufgenommen wird.

»Sie sind zu Hause«, meldete mir der Fahrer und hielt den Wagen an. Ich bedankte mich und stieg aus.

»Ich muß mich beeilen«, sagte der Mann, als er

die Wagentür wieder zuschlug. »Jetzt warten drei Leute auf mich, die ich nacheinander abholen muß.«

Mein Warten war an diesem Tag schon zu Ende. Aber das Erlebnis, »im Fernsehen« gewesen zu sein, ist bleibend, und wann immer diese Möglichkeit auf mich zukommt, wirkt die Erwartung auf das Auftreten vor einer durchaus unbekannten Anzahl von Menschen beinahe wie ein Schluck Wein auf mich. Das ist kein Lampenfieber, eher ein dringendes Bedürfnis, die mir gegebenen kostbaren Minuten aufrichtig verständnisvoll und mitteilsam für die anonymen Zuhörer und Zuschauer auszunützen.

Geldinstitute sind eine Einrichtung, die man unter Umständen mit gemischten Gefühlen aufsucht. Was einen dort erwartet, kann – eher selten! – eine angenehme Überraschung sein oder eine zwar befürchtete, zugleich jedoch auch hoffnungsvoll bezweifelte Enttäuschung. Eine Bank sollte man allerdings mit völlig nüchternen, auf Sachlichkeit und konkrete Vorhaben ausgerichteten Gedanken betreten. Diese Gebäude sind ja zumeist auch schon durch ihre Bauart und zweckmäßig konstruierte Inneneinrichtung auf einen tunlichst reibungslosen und effektiven Kundendienst ausgerichtet.

Was aber geschieht, wenn man ein solches Haus betritt und sich mit einemmal in einem ehrwürdigen, verschwenderisch und durchdacht konzipierten Palais befindet? Wenn man dann am Fuße einer majestätisch ausladenden, mit einem roten Teppich belegten Freitreppe steht? Von beiden Seiten betrachten den Besucher imponierende Steinfiguren, die Beleuchtung ist diskret und angenehm, und wenn einen nicht gerade ein Millionengeschäft hierherführt, wenn man bei weitem kein selbstbewußter Finanzmagnat ist, gerät man beinahe in Versuchung, den stummen und bewegungslosen Mann am Fuße der Treppe und seinen ebenso stummen und bewegungslosen Kollegen an ihrem Ende, die jeden Eintretenden scharf ins Auge fassen, höflich zu grüßen.

Die Schalter mit den zahlreichen Computern und anderem supertechnischen Gerät befinden sich in dem Prager Geldinstitut, von dem hier die Rede ist, in einer Art rundlichem Vestibül, das an der Stirnwand und Decke reichlich mit symbolischen Plastiken und Malereien verziert ist. Eine willkommene Feststellung sind in diesem fast majestätisch imponierenden Raum moderne und bequeme Sitzgelegenheiten, denn auch hier muß man manchmal länger, ein andermal vielleicht nur ein paar Minuten warten, bis man an einem der Schalter ringsum an die Reihe kommt.

Bei meinem letzten Besuch in dieser Geldkathedrale setzte ich mich auf eine der roten Sofabänke, schaute mich um, und unter den Wartenden fiel mir ein kleiner Mann auf, ein dünnes Männchen, in einem schon ein bißchen schäbigen Mantel. Auf seinen schmalen Schultern spannten sich zwei für ihn fast zu breite elastische Bänder, wie man sie von den Rucksäcken kennt, in denen junge Mütter ihre Kindchen tragen. Auch auf der Brust des kleinen Mannes lag ein solcher Beutel dunkelgrauer Farbe, und in ihm bewegte sich etwas. Sonderbar, dachte ich, wer hätte dieser unsicheren Person ein Baby anvertrauen können? Und warum schlich das Männchen mit seiner lebendigen Bürde in dem imposanten Bankgebäude umher? Der bewegungslose Mann am Eingang in das Vestibül ließ diese Person nicht aus seinen wachsamen Augen.

Neben mir auf der roten Polsterbank saß eine elegante ältere Dame. Ich konnte ihr nicht ins Gesicht sehen, denn sie hatte einen breitkrempigen, mit einer recht großen Seerose verzierten Hut auf dem Kopf. Sie paßte besser in den selbstbewußt dekorierten Raum als die nervös herumhuschende Gestalt mit der strampelnden Last auf der Brust. Ich knöpfte meinen Mantel auf. Auf der Straße war es an diesem Tag kalt, hier war es angenehm warm, das Warten dennoch nicht einschläfernd. Vor uns beiden Frauen standen zwei Herren, die – zumindest für mich – wie Träger einer bedeutsamen Finanztransaktion aussahen, und dann noch etliche, in verschiedenen Sprachen unbekümmert und laut schnatternde junge Leute, die offenbar ihre Devisen in tschechische Kronen umwechseln wollten. Es gab also etwas zu sehen und zu beobachten.

Ich nestelte mich auf der bequemen Bank zurecht. Von der Wand hielten gesunde, kräftige steinerne Männer und Frauen – Landwirtschaft, Handel und sonstige verdienstvolle Betätigungen symbolisierend – neben Herrschern wie Karl IV. oder Rudolf II. nach unser aller unbekannten Zukunft verheißungsvoll Ausschau. Die ganze Atmosphäre, das gelassene, beinahe fröhliche Miteinander von einst und jetzt, wirkte beruhigend und …

»Pardon, Madame, kommen Sie vor mir oder erst nach mir an die Reihe?« sprach mich mit einemmal die elegante Dame mit dem Seerosenhut an.

»Nach Ihnen«, antwortete ich schnell, obwohl ich darauf gar nicht geachtet hatte. Aber hier machte mir das Warten richtig Spaß, so daß ich auch nichts gegen eine kleine Verlängerung hatte.

Als der nervöse Mann mit dem zappelnden Rucksack in seiner nächsten Runde bei uns vorbeikam, zog die elegante Frau ihre schöne Handtasche etwas fester an sich und schüttelte, offensichtlich ein bißchen nervös, ihren prächtig bedeckten Kopf. Der kleine Mann blieb auch noch unschlüssig in unserer Nähe stehen, blickte sich unsicher um und steuerte dann, jäh entschlossen, auf einen der Schalter los, den gerade ein Kunde verließ.

»Der ist ja noch gar nicht an der Reihe«, bemerkte die neben mir hockende Dame verärgert, fügte aber auch gleich hinzu: »Na, es ist wohl besser, wenn er schnell abgefertigt wird.«

Zwischen dem sonderbaren Kunden und der jungen Angestellten, die sich ihm nun widmete, schien sich ein längeres Gespräch anzubahnen. Das Mädchen schüttelte wiederholt, offenbar verständnislos, den rötlich betupften Kopf und rief schließlich eine ältere Kollegin herbei. Da öffnete der ungewöhnliche Besucher seinen zuckenden Brustbeutel, und am Schalter vor ihm ergab sich im Nu ein kleiner, erkennbar amüsierter Auflauf. Denn jetzt krabbelten dort vergnügt drei winzige Wollknäuel herum, zwei weiße und ein schwarz gesprenkeltes Hundebaby. Wir beide, die noble Dame und ich, und mit uns noch ein Herr, wir alle liefen nun auch zu dem Schalter, auf dem drei reizende Hündchen nach der langen Gefangenschaft erfreut herumkollerten.

In dem großen Arbeitsraum standen jetzt alle Computer still. Die gesamte Belegschaft bewunderte und bestreichelte die drolligen Hundebabies.

Der kleine Mann mit dem nun leeren Rucksack erklärte mit dünner, beinahe weinerlicher Stimme, was ihn hierhergeführt hatte. Er müsse unbedingt den schätzbaren Wert der drei winzigen Wesen erfahren, eröffnete er eindringlich, und zwar am besten in Dollars oder diesem Eurogeld. Dafür ist doch die große Bank bestimmt der richtige Ort.

Die am Schalter versammelten Angestellten blickten einander verblüfft an, schließlich sagte ein junger Beamte sehr höflich:

»Was Sie von uns wünschen, ist leider ganz ausgeschlossen. Wir sind, wie Sie ja selbst richtig bemerkten, ein Geldinstitut. Mit den kleinen Tieren müssen Sie …«

»Ich weiß, was jetzt kommt, aber dort war ich schon«, unterbrach ihn mit zitternder Stimme der arme Mann. »Die Veterinäre überlegen aber nur in tschechischem Geld. Ich muß jedoch wissen, was draußen gültig ist.«

»Wenn Sie tschechische Kronen haben, werden wir sie gern wechseln«, erklärte der junge Angestellte.

»Ich weiß nicht, das alles ist für mich so schwierig.«

Der Mann zog zärtlich eines der Hündchen an sich, und seine dünne Stimme wurde noch leiser, als würde er nur für sich und nicht zu den Menschen rings um ihn sprechen. »Ich möchte die lieben Tierchen so gern behalten und muß sie doch weggeben.« Es folgte ein tiefer Seufzer, begleitet von ratlosem Kopfschütteln. »Meine Frau hat mich verlassen«, fuhr der gequälte Mensch dann mit immer leiserer, fast geflüsterter Stimme fort, »und jetzt soll sie irgendwo ganz weit weg im Sterben liegen. In einem Land, dessen Namen ich gar nicht aussprechen kann. Aber ich muß ihr helfen. Sie ist nämlich ganz jung und hat auf der Welt nur mich …« Er senkte den Kopf, hob ihn aber gleich wieder und bemerkte mit merklich festerer Stimme: »Man hat mir gesagt, mit Ihren Maschinen dort hinten können Sie alles ermitteln und in die Wege leiten. Ich habe lange gezögert, habe auf eine Nachricht von der Frau gewartet, habe die Kleinen gepflegt und … Aber jetzt bin ich da, und Sie müssen mir helfen. Ich rühre mich nicht von der Stelle, ehe …«

Einer der bewegungslosen Männer am Eingang in die Halle setzte sich in Bewegung. Der Mann am Schalter winkte ihm ab.

Im Auflauf der Angestellten erschien jetzt ein älterer Herr, dem seine Kollegen respektvoll Platz machten. Er schien dem ungewöhnlichen Besucher etwas höflich auseinanderzusetzen, was ich von meinem Abstand aus leider nicht hören konnte. Mit resigniertem Kopfschütteln packte der Mann seine drei Hündchen nun wieder in den grauen Rucksack und folgte offenbar einer Aufforderung des Herrn im perfekten dunklen Anzug widerstandslos irgendwohin ins Innere des Instituts. Die jungen Angestellten nahmen abermals ihre Arbeitsplätze ein, das Zwischenspiel am Schalter war zu Ende. Und das Drama des kleinen Mannes?

Mein Warten in dem unpersönlich komfortablen und dennoch ansprechend ausgestatteten Raum hatte so angenehm begonnen, nun aber war ich, als ich ihn schließlich nach der Erledigung meiner Angelegenheit verließ, nachdenklich beunruhigt. Allerdings auch hoffnungsvoll, daß der seltsame Besucher mit seinen drei Hündchen das große Palais, diese Geldkathedrale, nicht ganz ohne Trost verlassen mußte, daß ihm wenigstens eine gewisse Hilfe geleistet wurde. Oder war es wieder einmal mein »pathologischer Optimismus«, der mich lieber als an ein schlimmes, an ein gutes Ende dieses kleinen Dramas glauben ließ? Gerade weil ich mich im Laufe langer Jahre oft, wie ich glaube sogar zu oft, einer bösen, trostlosen Erfahrung stellen mußte, habe ich gelernt, daß man sich vor allem niemals selbst bemitleiden und immer versuchen sollte, an einem tragbaren und vernünftigen Ausgang des Problems mitzuwirken. Das klingt natürlich sehr gut, ist aber wahnsinnig schwierig und nicht jedes Mal erfolgreich.

Warten ist allerdings ein Zustand, der oft, wahrscheinlich allzuoft, problematisch sein kann. Es kommt vor, daß man etwas beginnt und nicht weiß, was dabei herauskommen kann. Und tut es doch, weil man fast immer hofft, daß das gewagte Unternehmen nur mit einem guten Ende ausgehen kann.

Und wenn dann alles wirklich glücklich vorbei ist, vergißt man bald seine Unruhe, Verzagtheit und Ungeduld während der bangen und leeren Wartezeit.

Eine bestimmte Wartestunde, die für mich selbst gar nicht schicksalsschwer war, kann ich dennoch nie vergessen. Sie liegt schon sehr lange zurück, ergab sich vor dem Ausbruch des zweiten Weltkrieges.

Ich war damals eine in jeder Hinsicht junge Emigrantin, knapp über zwanzig Jahre alt und erst vor wenigen Wochen in Frankreich gelandet. Nicht in Paris, weil man mir dort die Aufenthaltsbewilligung verweigert hatte, sondern im benachbarten Departement, in Versailles. Als man mir auf der Polizei diesen Standort zuteilte, wäre ich dem gleichgültigen und eher unfreundlichen Beamten am liebsten um den Hals gefallen. Versailles!

Dort befindet sich doch das Schloß Trianon mit dem märchenhaften Park, zwischen dessen kunstvoll zurechtgestutzten Hecken die schöne Madame Pompadour den König und seine Kavaliere zu verführen verstand. In Versailles war aber auch die Französische Revolution vorübergehend angesiedelt. Hier, im Gebäude Jeu de Paume, im Ballhaus, hatten die Abgeordneten des Dritten Standes am 20. Juni 1789 geschworen, »nur der Gewalt der Bajonette« zu weichen, und in den kleinen Cafés ringsum hatten die führenden Persönlichkeiten jener Epoche, die Dantes, Robespierres und wie sie alle hießen, ihre hitzigen Debatten abgehalten. Hier lebte schon seit Jahren mein Prager Freund und Nachbar, der Schriftsteller Egon Erwin Kisch, mit seiner Frau Gisl. Und jetzt wohnte auch ich hier, am Ende der Rue du Vieux Versailles. Wenn Schulkinder beim Abschluß eines Besuches im Ballhaus mit frischer Stimme die Hymne ihres Landes, die revolutionäre Marseillaise, sangen, hörte ich es in meinem kleinen Dachzimmer im gegenüberliegenden Hôtel Moderne, einem schon recht betagten bescheidenen Gebäude.

Es ergab sich, daß wir, das Ehepaar Kisch und ich, eines Tages bei der Rückkehr aus der Hauptstadt zu später Abendstunde unterwegs erfuhren, in dieser Nacht werde auf dem Stadtplatz von Versailles die öffentliche Hinrichtung eines Mörders mehrerer Frauen durchgeführt. Sie sollte die letzte mit der Guillotine vollzogene sein. Das konnte sich der rasende Reporter Kisch nicht entgehen lassen. Seine Frau Gisl beschloß selbstverständlich, ihn zu begleiten. Ich bekam Herzklopfen, kam aber natürlich mit.

Die grausige Prozedur mußte nach allen jahrhundertealten Regeln in früher Morgenstunde durchgeführt werden. Als wir den Stadtplatz vor dem Versailler Rathaus erreichten, wartete dort bereits eine dicht gedrängte Menschenmenge.

Ich preßte mich zwischen das Ehepaar Kisch, wollte mit den Wartenden ringsum nicht in Berührung kommen, wurde von einer mir selbst unerklärbaren Angst erfaßt. Wer waren die Menschen, die in dieser späten Nachtstunde hierhergeeilt waren, um ein zweifellos einzigartiges Schauspiel nicht zu versäumen? Wieso befand ich mich unter ihnen, warum ging ich nicht weg? Wollte ich auch »dabeisein«? Wobei? Wie ein Mensch, der andere umgebracht hat, nun selbst umgebracht wird? Wollte ich so etwas miterleben? Ich wollte und wollte es nicht, stand wie festgefroren auf dem überfüllten Stadtplatz.

In unserer Nähe befand sich ein Haufen auffallend geschminkter jüngerer Frauen in angeregter, sehr lauter und beinahe aggressiver Unterhaltung.

»Sie sollten ihn endlich herausbringen und fertigmachen«, kreischte eine von ihnen. »Warum müssen wir hier in der Finsternis herumstehen und warten? Er hat auch nicht gewartet, als er unsere Mädchen um die Ecke gebracht hat.«

Ich schauderte, blickte mich um, bemerkte etwas weiter eine kleine Gruppe sehr elegant gekleideter Damen und Herren. Anscheinend hatte sich dieses Ereignis auch in den feinen Nachtlokalen in Paris herumgesprochen. Eine Exekution im Freien und dazu noch die letzte ihrer Art, war ja etwas ganz Besonderes, das sollte man sich nicht entgehen lassen.

Aber warum mußte ich hier stehen unter diesen sonderbaren Leuten und auf etwas in jeder Hinsicht Schreckliches warten?

Der Platz war nur ganz spärlich beleuchtet, was mir an anderen Tagen eher romantisch und anheimelnd erschien. Jetzt war es furchterregend, dabei wurde die Menschenmenge immer dichter.

Mit einemmal schlug die Uhr am Rathausturm zwölfmal an. Jäh verlöschten alle Lichter, die Menge schnaubte oder seufzte, und irgendwo in der Finsternis knarrten Räder über das holprige Straßenpflaster, klapperten Hufeisen. Auf einem hölzernen Fuhrwerk wurde wie eh und je die Guillotine herangebracht.

Ich blickte den neben mir stehenden Kisch an. Er rührte sich nicht von der Stelle, sein Gesichtsausdruck war sehr konzentriert und angespannt. Ich traute mich nicht, etwas zu sagen, und wartete mit kalten Füßen in der lauen Frühlingsnacht weiter.

Vor der dichten Menschenmasse vor uns ging ein Tor auf, ein Lichtschein fiel in die Dunkelheit. Die wartende Menge erbebte ein wenig, jemand schrie etwas, dann war es wieder ganz still, nur die Guillotine krachte ein bißchen, als sie mit Hammerschlägen zusammengesetzt und langsam aufgerichtet wurde.

»Da bringen sie ihn«, bemerkte jemand mit heiserer Stimme. Die neben mir stehende Gisl flüsterte erregt: »Er hat einen hellen Haarschopf und ein weißes Hemd.« In diesem Augenblick nahm mich Kisch bei der Hand und drängte sich mit mir und seiner Frau durch die verstummte Menschenmauer. Das quälerische Warten war nun zu meiner Erleichterung für uns zu Ende.

Man könnte annehmen, Warten in einem freien Raum sei auf jeden Fall leichter, ertragbarer, als in bedrängenden vier Wänden. Entscheidend ist aber wohl, worauf ein solches Warten ausgerichtet ist. Auf dem Rathausplatz von Versailles war sein Ziel in jener Nacht die Vollstreckung der Hinrichtung eines kaltblütigen Frauenmörders. Ein zweifellos gerechtes, wenngleich unheimliches Ereignis. Es ist in mir längst mit anderen, nicht weniger unheimlichen Erfahrungen verschüttet. Und dennoch taucht es unbeirrbar stets von neuem auf, wenn ich lese oder sonstwie aus den Medien erfahre, daß irgendwo, vor allem in den USA, ein vor fünf, sieben oder wer weiß wie vielen Jahren zum Tode verurteilter Verbrecher jetzt endlich hingerichtet wurde. Wie lebt ein solcher Mensch, und sei es auch nur hinter Gittern, jahrelang in Erwartung dieser Stunde? Hegt er trotz allem, was geschehen ist und nicht ungeschehen gemacht werden kann, noch eine Hoffnung? Und wenn er hofft, womit möchte und kann er seine geschenkten Tage erfüllen?

Ich habe vor Jahren in Boston eine ältere, recht

gebrechliche und kränkelnde Frau kennengelernt, von Beruf Schriftstellerin, aber nun schon etwas müde, zurückgezogen und kaum aktiv. Nur an einer freiwilligen Tätigkeit hielt sie fest: Sie besuchte, ich glaube einmal in der Woche, einen zum Tode verurteilten Mörder in seiner Gefängniszelle. Der hatte beschlossen, sein Leben niederzuschreiben, und die betagte Schriftstellerin, die gebrechliche und kränkelnde, schon etwas müde Dame, half ihm dabei mit ihrem Rat.

Ich empfand aufrichtigen Respekt für die dünne kleine Frau und sagte ihr auch etwas in diesem Sinn. Sie schüttelte nur ihren weißhaarigen Kopf.

»Der Mann hat jemandem sein einziges Leben geraubt und weiß, was ihn erwartet. Deshalb versucht er mit sich ins reine zu kommen. Dabei helfe ich ihm. Er ist doch, trotz seines Verbrechens, auch ein Mensch und möchte als solcher sterben. Er will seine Lebensgeschichte als Warnung für andere hinterlassen.«

Wir wissen: Uns alle erwartet ein unausweichliches Ende. Aber bis dahin können wir unser Leben mitgestalten, können versuchen, ihm einen Sinn zu geben. Wir sind imstande, das Auf und Ab unserer Tage zu empfinden, können Anteil nehmen an den Begebenheiten in der Welt und wissen dabei sehr wohl, daß wir nur ein Körnchen im unendlichen

Meer der Menschheit sind. Gerade das ist aber, so glaube ich, vor allem beruhigend. Ein Körnchen? Nun gut. Aber wir können unsere Zeit bewußt verbringen, Kraft und Energie in dem Maße nützen, das jedem von uns gegeben ist. Für mich ist dieses Bewußtsein von solcher Bedeutung und so ermutigend, daß ich mich sogar bei der verrückten Erwägung ertappt habe: Und was werde ich tun, wenn ich gestorben bin? Ein sinnloser Gedanke? Wer weiß. Auf jeden Fall tröstlich und ermutigend. Denn auf diese Weise wartet man nicht auf ein endgültiges Ende, sondern auf die erträumte Möglichkeit eines unbekannten, zweifellos völlig andersartigen Anfangs.

Lenka Reinerová
Alle Farben der Sonne und der Nacht
190 Seiten. Gebunden
ISBN 978-3-351-02969-2

»Nichts konnte diese starke, lebensfrohe Frau brechen.«
MDR

Als Lenka Reinerová nach Jahren der Verfolgung und des Exils, nach Internierung und Todesgefahr wieder in Prag lebte und sich endlich in Sicherheit wähnte, geschah das Unglaubliche: Sie wurde erneut verhaftet, diesmal von den eigenen Genossen. In ihrer Zelle schien es ihr, als ob die Farben der Nacht sich endgültig über sie gesenkt hätten. Erst jetzt, nach über fünfzig Jahren, vermag Lenka Reinerová, die letzte deutsch schreibende Literatin in Prag, über dieses entscheidende Kapitel ihres Lebens zu berichten.

»Reinerovás Blick aufs Weltgeschehen erfolgt mit größtmöglicher Aufrichtigkeit und ohne Eifertum.«
FRANKFURTER RUNDSCHAU

Mehr von Lenka Reinerová:
Das Traumcafé einer Pragerin. Erzählungen. AtV 1168
Mandelduft. Erzählungen. AtV 1781
Als Hörbuch: Autorenlesung. DAV 518-4
Zu Hause in Prag – manchmal auch anderswo. AtV 1695
Närrisches Prag. Ein Bekenntnis. AtV 2285

Mehr Informationen erhalten Sie unter
www.aufbauverlagsgruppe.de oder in Ihrer Buchhandlung

aufbau
AUFBAU VERLAGSGRUPPE